猎杀
暴涨黑马

〔美〕希拉里·克拉玛（Hilary Kramer）◎著
陈　书　伍文韬　◎译

SPM
南方出版传媒
广东经济出版社

图书在版编目（CIP）数据

猎杀暴涨黑马 /（美）克拉玛著；陈书，伍文韬译．—广州：广东经济出版社，2016.2

ISBN 978-7-5454-4304-2

Ⅰ．①猎… Ⅱ．①克… ②陈…③伍 … Ⅲ．①股票投资－基本知识 Ⅳ．① F830.91

中国版本图书馆 CIP 数据核字（2015）第 277644 号

版权登记号 图字：19-2015-175 号

The Little Book of Big Profits from Small Stocks(ISBN-9781118150054) by Hilary Kramer

出版发行	广东经济出版社（广州市环市东路水荫路 11 号 11 ～ 12 楼）
经销	广东新华发行集团
印刷	深圳市福圣印刷有限公司
开本	787 毫米 ×1092 毫米 1/16
印张	12 印张
字数	128 千字
版次	2016 年 2 月第 1 版
印次	2016 年 2 月第 1 版第 1 次
书号	ISBN 978-7-5454-4304-2
定价	42.00 元

如发现印装质量有问题，影响阅读，请与承印厂联系调换。
发行部地址：广州市水荫路 11 号 11 楼
电话：(020)38306055 37601950 邮政编码：510075
邮购地址：广州市水荫路 11 号 11 楼直销部
电话：(020)37601950 37601509 邮政编码：510075
图书网站：**http://www.gebook.com**
广东经济出版社常年法律顾问：屠朝锋律师、刘红丽律师这本书适合喜欢研究股票、搜集公司资料的投资者。如果你认为窝在沙发里翻阅《华尔街日报》也可以算过了一个很棒的周末，那么，我相信你将会喜欢本书提供的信息。如果你只关注财经新闻，或许本书就不太符合你的口味。如果你是一个保守型投资者，这本书可能也不太适合你。

希拉里·克拉玛（Hilary Kramer）

华尔街最会赚钱的股票投资人之一

在《猎杀暴涨黑马》中，作者克拉玛分享了多年来购买暴涨型低价股的智慧，这是一种“低风险，高回报”的致富方法，能快速创造或者重建财富。多年来，传统投资理论看不上低于 10 美元的股票。克拉玛却知道如何分辨哪些低价股有潜力一飞冲天，有本书在手，你同样可以做到。

黄　河

中资国际投资有限公司　董事长

公司名称	股票代码	成本价（美元）	买入时间	卖出价（美元）	卖出时间	收益率（%）
丹德里昂（Dendreon）	DNDN	3.42	03/12/09	54.43	04/30/09	1 491.52
美国公司服务（Industrial Services of America）	IDSA	3.72	04/15/09	21.60	05/05/10	480.65
泰尔文特（Telvent Git, S.A）	TLVT	7.33	11/20/08	37.76	12/29/09	415.14
价值线（Priceline.com）	PCLN	7.50	02/03/03	36.57	09/08/03	387.60
百度（Baidu）	BIDU	8.86	11/06/06	41.69	11/05/07	370.54
卡路驰（Crocs）	CROX	1.68	04/14/09	7.77	10/22/09	362.50
SL 绿色地产（SL Green Realty Corp.）	SLG	9.35	03/09/09	42.32	11/13/09	352.62
开发者多元化地产（Developers Diversified Realty Corp.）	DDR	2.34	03/02/09	8.26	08/21/09	252.99
花旗（Citigroup）	C	1.49	02/23/09	5.23	08/24/09	251.01
Metalico	MEA	1.41	03/13/09	4.93	02/18/10	249.65
坎贝拉（Cabela's）	CAB	4.92	11/19/08	14.35	10/22/09	191.67
天狼星卫星（Sirius XM Radio）	SIRI	1.01	06/01/10	2.39	05/11/11	136.63
霍夫纳尼安（Hovnanian Enterprises）	HOV	1.91	07/10/09	4.29	08/24/09	124.61
流行（Popular）	BPOP	1.82	02/23/10	3.99	04/26/10	119.23
扎列（Zale's）	ZLC	3.23	11/11/10	6.47	05/31/11	100.31
第三层（Level Three Comm.）	LVLT	1.32	02/24/11	2.32	06/21/11	75.76
动物健康（Animal Health）	AHII	2.52	06/01/10	4.20	03/14/11	66.67
海王星辰（China Nepstar）	NPD	2.80	08/26/10	4.50	09/28/10	60.71
速汇金（MoneyGram）	MGI	2.51	06/01/10	3.95	04/28/11	57.37

詹姆斯 K. 格莱斯曼（James K Glassman）

美国前副国务卿、《吉普林个人理财》专栏作家

这是一本节奏紧凑、见解深刻的书，希拉里·克拉玛向读者展示了搜寻尚待发现的成长股的方法。她的投资理念非常适合这个动荡的年代。

乔·佩尼（Joe Peyronnin）

福克斯新闻频道联合创始人、纽约城市大学新闻专业教授

本书不仅读起来很有意思，也易于理解。希拉里·克拉玛提供了很多能立即付诸行动的明智建议。对于想变得富有、成功的个人投资者而言，这是一本介绍制胜法则的实战技巧书。

《金融时报》(*Financial times*)

这是一个女人的金融投资王国。

兰德尔·福塞斯（Randall Forsyth）

《巴伦周刊》网站总编辑

希拉里·克拉玛在个股投资方面知识渊博，在给普通投资者分享经验时也十分热情。

史蒂文·福布斯（Steve Forbes）

《福布斯》杂志总编辑

你可以从价格在个位数的股票上获利，它也可能带来损失。希拉里·克拉玛的书是你的指路明灯，将带给你愉悦的赚钱体验，而不是财富缩水的痛苦经历。

理查德·威尔纳（Richard Wilner）

《纽约邮报》(*New York Post*)财经编辑

希拉里·克拉玛是一位在投资界功成名就的大赢家。她的书是所有希望在股市致富的人的必读书。

格瑞·威利斯（Gerri Willis）

福克斯新闻频道主播

如果你认为你已经听过所有有趣的事情，但没有读过希拉里·克拉玛的书，那么请帮下忙，拿起这本书吧。她把新鲜的观点和引人注目的想法讲解给大家。

吉尼·马希尔（Gene Marcial）

《福布斯》杂志专栏作家、《商业周刊》专栏专家

这本书揭示了一个华尔街不想让你知道的真相——投资赚钱就是行走在人烟罕至的小道上，也就是现成的低价股投资路径。

朱迪思·杜布金斯基（Judith Dobrzynski）

《纽约时报》经济栏前副总编辑、CNBC 前总编辑

希拉里·克拉玛给投资者提供了一个价值非凡的投资路径——投资价格低于 10 美元的股票。

华莱士·福布斯（Wallace Forbes）

特许金融分析师（CFA）、福布斯投资人顾问中心总裁

这是我读过的最生动形象、最具兴趣性、信息量最大的一本投资书。

伊丽莎白·麦克唐纳（Elizabeth MacDonald）

福克斯商业频道策划人

克拉玛在选股方面表现出坚如磐石的敏锐度，这不仅

帮她的客户赚取了巨额财富，也保护了他们的财富。克拉玛的投资建议像氧气一样重要。

安德烈·库姆伯斯（Andrea Coombes）

《市场观察员》《华尔街日报》编辑

多年来，希拉里·克拉玛一直在努力探索如何在股市赚钱这一主题，本书中她再次做了这样的尝试。

汤姆·哈德森（Tom Hudson）

公共广播公司（PBS）夜间商业报道

大想法来之不易，而且大想法是从小想法发展来的，希拉里非常擅长识别物美价廉的股票。

肯·多兰（Ken Dolan）和达莉亚·多兰（Doria Dolan）

全美听众人数最多的个人金融电台节目联合主持人

多年来，无论市场好坏，希拉里总有能力找到好股票，并且提供有效的投资策略。账户余额不断减少而不是增多的人都有必要阅读本书。

泰勒·马蒂森（Taylor Mathisen）

知名财经节目主持人

希拉里·克拉玛的这本书注定将对你的投资理念产生

重大影响。书里全是明智的建议以及购买诸如福特、价格线网站（Princeline）和坎贝拉（Cabela）这一类知名公司股票的真实案例。

马修·瓦伦西亚（Matthew Valencia）

《经济学人》编辑

希拉里·克拉玛是美国最知名的投资者之一。她终于透露了自己在华尔街掘金的秘方。

保罗·泰勒（Paul Taylor）

《金融时报》编辑

希拉里·克拉玛作风大胆，她向读者介绍了一种能彻底改变生活方式、赚取所有投资者都渴望的投资回报的投资策略。

寻找下一只暴涨股

路易斯·纳维里尔（Louis Navellier）

畅销书《巴菲特的选股真经》作者

投资大师希拉里·克拉玛愿意花时间与普通投资者分享她混迹华尔街近30年的投资经验，这令我精神一振。她先后在鼎盛时期的摩根士丹利、雷曼兄弟任职，还创建并管理着一只数十亿美元的对冲基金。

在华尔街上，希拉里可不是一个陌生名字。她是第一个宣称依靠投资低价股赚取大笔利润的投资者。她写这本书的目的就是想帮助大家获得成功。

你准备好了吗？股市是一个创造财富的地方。希拉里尤其强调一定要“准备好”。现在，你打开电脑，就可以在网络上快速搜寻到投资建议和信息。然而，这么做的弊端是你找到的信息并不一定能让你真正赚钱。实际上，你找到的大部分信息都是弊大于利的，尤其建议购买小公司低价股的信息。

在本书中，你要学的第一课就是理解“羊群效应”在华尔街的重要性。华尔街因某事件兴奋或恐惧时，随之而来的是投资者的疯狂买入或抛售，这会让一只股票的价格发生剧烈波动。我亲眼见识过这种情形，并且告诉你，如果正确把握一窝蜂的机会，你就能创造超乎想象的利润。

希拉里将向你说明“羊群效应”在卖出低价股时的作用尤其大。她在每个章节中列举的事例确实让人获益良多。查看达尔令公司的股价走势图,你只有惊叹的份儿。当然了,任何一个在华尔街工作过的人都会告诉你，投资低价股必须掌握方法。我很喜欢希拉里的教学方式，既坦率又直接。她不仅说明了应该投资于何种股票，同时也警告读者必须避免何种潜在风险。

她的投资方法再次验证了“知识就是力量”，她不怕麻烦，　步一步指导投资者挑选低价股。本书的每一章结尾的总结部分对读者也有很大的帮助。

如果你想投资低价股、了解投资注意事项，那么就应该把这本书列为必读书目之一。本书不容小觑，它能帮助你快速搜寻到有暴涨潜力的低价股。

目　录

前　言

在华尔街人士不屑的狩猎场获利颇丰

1986 年，我大学毕业后就加入摩根士丹利，职位是股票分析师。我立刻意识到自己找到了人生目标。我由衷地热爱股票分析，并很快发现自己拥有一种天赋：我特别擅长寻找他人忽视的信息和观点。那段时间，我的专业技能提升得非常快，我像海绵一样努力吸收所有养分。

由于工作内容涉及全球股票市场，我拥有了独特优势。在我的协助下，好几家外国公司通过美国存托凭证的方式在美国上市，其中包括全球最大的资源公司澳大利亚必和必拓集团（BHP Billiton）。

在摩根士丹利工作期间，最让我记忆犹新的日子是 1987 年 10 月 19 日，也是投资史上的“黑色星期一”。当天，香港市场突然开始疯狂抛售，于是，我们都知道那个周一早上，美国市场必定要遭遇令人担忧的状况。果然不出所料，美国股市开盘就出现了断崖式下跌。交易所的电话铃声此起彼伏，交易大厅充斥着客户的“抛售”指令，这一天交易量爬升到前所未有的峰值。各处的情形非常混乱，恐慌的情绪笼罩着整个市场。这是华尔街的羊群效应发挥负面作用时的情形。

我从来就不爱随大流。因此，大崩盘过后的第二天，所有交易员都还没有从恐惧中恢复过来，我就一头扎进市场，大肆买进崩盘日大幅跳水的股票，那些股票的价值都高于当时的股价。我以最快速度买进，用尽了所有投资基金。到 1987 年年底，我低价买进的股票都有了不错的回报。

那一天的经历对我的投资理念产生了深远影响，之后，我继续投资于被市场压低价位的股票。我管理着数十亿美元的对冲基金，为资金雄厚的投资者管理证券投资组合。从事这些工作为我带来丰厚收益。实际上，37 岁时，我就可以退休了。投资个位数价位的股票就是我多年来的赚钱秘诀。

华尔街的羊群效应不但可以把股价压低以创造机遇，还可以大幅拉升股价，让股价翻两三倍，甚至十几倍。这将会创造超乎想象的利润。

那么，为什么没有更多普通投资者留意低价股呢？华尔街最流行的观点之一是：对于大多数投资者而言，低于 10 美元的股票太危险了。

很多机构投资者，包括共同基金和养老金基金都禁止持有 10 美元以下的股票。于是，这些机构的研究部门不再关注低于 10 美元的股票，分析师也不再跟踪它们，这类股票总是被忽视。华尔街总是把个位数价位的股票视为一座葡萄园，途经此地时最好迅速逃离。

我认为这种做法不正确，普通投资者可以利用这个错误观点获利。如果普通投资者能够正确投资低价股，就相当于他们拥有了华尔街不具备的优势。华尔街对这些股票的厌恶让我们拥有了属于自己的最佳狩猎场。

如何识别“丧家股”和“王者股”

得益于大衰退、金融危机和2008年熊市，加上近期市场的抛售风潮，市场上到处是10美元以下的股票。这意味着我们拥有了难得一见的机遇。我并不是说买入低价股就没有风险。很多低于10美元的股票之所以这么便宜，是因为它们只值这个价。它们是一蹶不振的“丧家犬”，经济衰退永久地击败了它们，或是因为经营策略上的失误，总之它们很难东山再起。

这也是我创作本书的原因。我将教会你如何鉴别沙粒和金粒，搜寻能重振雄风的股票。我要告诉你，我把低价股划分成三类。掌握了这些信息，你就可以列出一张候选投资清单了。

第一类股票被我称为“坠入凡间的天使股”。有些是投资者不再追捧的大公司股票，有些是周期性股票。它们之所以沦为低价股，是因为经济不景气导致行业萧条，进而企业收益锐减。

第二类低价股是待发现的成长股。这类股票大多由尚未被重视的行业里的成功公司发行。例如，不太光鲜的废品厂或废物处理公司，但这些行业的收益和盈利都在稳定增长。大型机构投资者可能需要花一些时间才能意识到这类公司的甜美，到那时，公司的股价就会开始飙升。

最后一类低价股是为数不多的几只股票，我称它们为被减价处理的股票。这些公司的股票价格往往低于资产价值。搜寻一只这样的股票类似于，逛跳蚤市场时花 1 美元购买一幅画，后来才得知这是一幅毕加索的作品，价值上百万美元。

无论哪个行业的低价股最终都可以被归为这三种类别。我还想特别说明另外两类股票。

首先，医药行业有不少低价股，尤其是生物科技公司。随着老龄化社会的到来，美国以及全世界对保健的需求将持续增长，对医疗设备的突破性发明的需求也是一样的。刚兴起的小公司主导了很多这类突破性技术研究，而一种新药或者一种新外科手术设备就足以让其股价攀升。

其次，可以从全球化趋势中受益的低价股，持有它们是投资成功的最快捷方式之一。在搜寻这类股票时，我们可以将眼光投向那些正逐步富裕起来的欠发达国家和地区。这些新兴经济体对基础设施的需求旺盛，提供这类服务的公司将在相当长一段时间内实现收益增长。最终，新兴经济体会出现规模庞大的中产阶级，所以能满足中产阶级需求的公司将蓬勃发展起来。由于新兴经济体受到众多投资者追捧，因此缺乏稳定性，这些高成长股经常会以低价交易一段时间。

最刺激、最丰厚的低价股之旅

我透露了一些搜寻低价股的去处后，马上就教你如何挽起袖子，掘地三尺搜寻值得投资的低价股。我总结了几个简单有效的步骤，但是我想说明的一点是：这部分内容并不适用于所有人。

这本书适合喜欢研究股票、搜集公司所有资料的投资者。如果你认为窝在沙发里翻阅《华尔街日报》也可以算过了一个很棒的周末，那么，我相信你将会喜欢本书提供的信息。如果你只关注财经新闻，或许本书就不太符合你的口味。如果你是一个保守型投资者，这本书可能也不太适合你。

请一定要记住这一点：我会努力让这本书生动有趣，并配上清晰、简单的步骤帮助你搜寻利润率高的股票。如果你已经厌倦共同基金和投资机构画饼充饥式的投资方法，这本书就是专门为你而写的。我希望我能教会你如何搜寻物美价廉的股票，然后你也能像我一样通过投资这些低价股获取高额回报。读者不仅能通过本书的内容获得帮助，还可以登录我专为读者建立的网站，学习并借鉴我的投资经验。读完本书后，登录 www.bigprofitsfromsmallstocks.com，就能看到更多额外信息以及实际操作方法。我会在本书中介绍这个网站的各个特点。

那么，请做好准备吧！作为投资者，进入低价股的世界将是最刺激、回报最丰厚的旅程。根据我的经验来看，这种投资方法非常棒。很幸运，我在股市里也算小有斩获，我希望这本书也能帮助你获得同样的机会和成功。

第 1 章

哪类低价股才有暴涨潜力？

创造破天荒利润纪录的达尔令国际

普通投资者的优势在于他没有时间压力，可以仔细思考，等待最好时机。如果要他每周或每月都买卖股票，他肯定会发疯的。

——彼得·林奇

本章导读

走在街上，有时会碰到收泔水的车子，带着刺鼻的怪味从身旁经过，多数情况下，你会掩面而去。如果有一家上市公司以收泔水为生，你会因为它的业务令人生厌而忽视它的股票吗？如果这家公司是该行业的垄断性巨无霸企业，不仅拥有宽广规模的护城河，还拥有对手难以企及的成本优势呢？

选股大师林奇先生就曾发现经营殡葬业务的SCI公司无人问津，但其基本面数据异常优良，于是潜伏几载，机构投资者发现这颗上帝遗珠时，林奇已收获20倍的超额利润。

等到它们真正即将暴涨时，机构投资者就会加入炒作，这些股票的价格就像雪球一样暴涨。这时，我们这些个人投资者才能大肆获利

当有人问我买过最成功的股票是哪一只时，通常情况下，我都十分乐意谈一谈达尔令国际（DAR）。我们甚至可以把这只股票当作低于10美元的股票的代表。达尔令国际从事的业务让人退避三舍，它从美国各地的餐厅收集废油和油脂，或到屠宰场和肉铺收集兽皮、骨头以及其他副产品。他们收集这些东西到底做什么呢？一言以蔽之，把它们变废为宝。这可算不上什么光鲜行当。

2008年年末，我初次关注这只股票时，却认为他们公司从事的是一个很有前景的行业。那一年，股市全面暴跌，达尔令国际也不例外。从2008年年初的16美元一路下跌，到11月份已跌到4美元。这只股票以前从来没有受到华尔街的追捧，现在更加没有人愿意购买它了。但我嗅到了投资机会，于是认真研究了这家公司。

据我了解，达尔令国际是唯一一家在全美范围内有能力从事这项事业的公司。它的竞争对手都是一些地区性小企业，根本无力与拥有规模经济效益的达尔令国际竞争。当时，达尔令国际在美国各地有 39 套设备、970 辆卡车和牵引拖车，可在 115 000 个不同地点收集原材料。他们与大部分原材料供应商签订长期合同，原材料供应相当稳定。

除了这些相对竞争优势外，达尔令国际也很乐意收购竞争对手。它的资产收益表上净利润一栏非常清楚地写明，通过收购和重组，这家公司正在快速增长。

当一家公司从事的业务让人感到郁闷、厌烦甚至恶心时，可能它正是彼得·林奇看好的投资对象。他持有的 Safety-Kleen 公司的主营业务是为加油站清理器械中的油污和油泥，然后把油泥带回炼油厂回收提炼。尽管多数人会对这样油乎乎、脏兮兮的工作感到厌倦，几乎没有分析师或机构投资者长期跟踪，但它却给林奇先生带来了源源不断的利润。在 A 股市场上，也有格林美、桑德环境和东江环保等上市公司从事变废为宝的业务。

达尔令国际的营业收入从 2003 年的 3.23 亿美元增长到 2007 年年末的 6.45 亿美元，几乎增长了 1 倍；净利润与 4 年前相比，也从 1 800 万美元激增到 4 500 万美元；每股收益也几乎翻了 1 番，从 0.29 美元增长到 0.59 美元。过去 4 年间，达尔令国际的生产基地扩大了 1 倍，付清了长期债务。即使是金融危机肆虐的 2008 年，达尔令国际的发展也没有放缓。2008 年上半年的营业收入是 4.22 亿美元，2007 年同期只有 2.98 亿美元；每股收益也从 2007 年同期的 0.29 美元增长到 0.55 美元。

尽管达尔令国际从事的行业并不光鲜亮丽，但它确实非常赚钱。为了了解更多情况，我开始查阅达尔令国际发布的资料和财务报告。我发现达尔令国际正在进入替代能源行业，因为公司收集到的油脂可以作为一种生物能源的原料。据我了解，如果经济持续衰退，因为终端产品的社会需求有所下降，公司可能面临产品价格下调的压力。但是很明显，这种需求不可能消失。到 2008 年年底，公司的股价跌到 5 美元以下，在我看来，显然是时候买入了。

虽然我并没能以最低价格买入，但也已经非常接近最低价了。2009 年，达尔令国际的收入有所下降，但对当时的股价影响并不大。与 2008 年同期相比，营业收入下降了，但到了第 4 季度，公司的经营回到正轨，终端市场的需求开始恢复。

2009 年 9 月，公司宣布与大型石油提炼公司瓦莱罗能源（Valero Energy）合作研发新的可再生燃料。2009 年年底，其股价几乎翻了 1 倍，接近 8 美元。2010 年年中，股价回升到 10 美元，从此没有低于过 10 美元。2011 年 6 月，股价涨到危机前，投资回报率高达 300%（见图 1.1）。

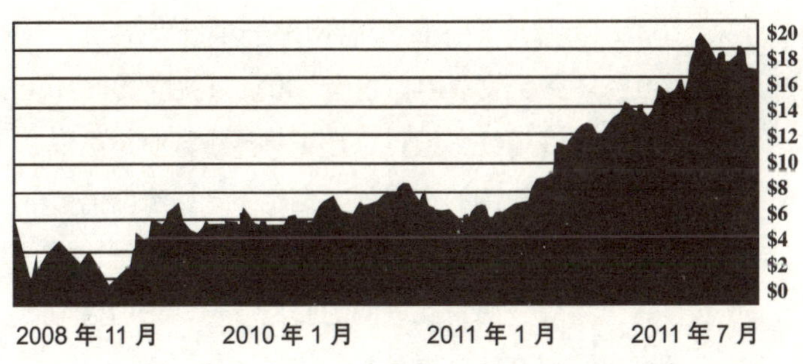

图 1.1　达尔令国际突破走势

达尔令国际从事的是一个不受追捧的行业，因而被华尔街误解和低估。尽管有少数分析员留意到这只股票，但他们高估了经济危机对该行业造成的影响，因而忽略了长远的发展前景。达尔令国际不仅拥有一项非常赚钱的业务，它进军可再生能源的举动必将给公司带来更多关注。看中这只股票潜力的投资者能看出它具有100%的短期收益率，唯有那些有远见的投资者才会长期持有，直到两年后抛售，实现300%的收益。

机构投资者发现之日，正是暴涨之时

在本书中，我的目标就是帮助你寻找你的“达尔令国际”。我从事投资工作二十多年了，可以告诉你购买低价股是创造或累积财富的好方法。这么多年来，我最赚钱的一些股票在开始时，它们的价位都是个位数。由于众多原因，这些股票避开了华尔街的雷达网，而华尔街或大型机构投资者发现它们之日，也正是它们暴涨之时。

2015年5月底，中国经济网的一项统计显示，在2 700多只交易股票中，仅有100多只股票低于10元，且多分布在钢铁、银行、造纸等传统行业。虽说多是一些大而不能倒的大家伙，但也不乏暴涨两倍多的沙钢股份、暴涨一倍多的天茂集团、汇鸿股份和方正科技等大牛股。面对互联网的强烈冲击，它们更加急迫地谋求转型与升级之路。

不过，这只是投资 10 美元以下股票的好处之一。股价从 10 美元上升到 15 美元，比 50 美元的股票涨到 100 美元更容易。实际上，这正是我在本书中把低价股称为暴涨型股票（Breakout Stocks）的原因。

暴涨型股票可能是优秀公司的股票，投资者大量抛售的时候把这些股票一起抛售了，就像谚语中说的那样，婴儿和洗澡水被一起倒掉了。或者这些公司正处于戏剧性转变时期，很快就会受到投资者关注。或是一家极具潜力的新公司，目前尚未被华尔街关注。

尽管暴涨型股票的形式多种多样，但它们有 3 个共同特点：

1. 价格低（一般低于 10 美元）；
2. 价值被低估；
3. 存在催化因素，近期会引发股价暴涨。

等到它们真正即将暴涨时，机构投资者就会加入炒作，这些股票的价格就会像雪球一样暴涨。这时，我们这些个人投资者才能大肆获利。

关键在于辨别一只股票到底是突破型还是一蹶不振型。华尔街让你认为所有低于 10 美元的股票都是丧家犬。然而事实并非如此。也就是说，我们有非常多的投资机会。很多股票之所以低于 10 美元，是因为它们只值这么多钱。它们是永远没有翻身机会的咸鱼，因为犯了严重的经营错误而永无翻身之日。接下来的章节里，我将教会你如何辨别良莠。

在如今的市场中，个人投资者很难与大型共同基金以及程序化的投资专家竞争，然而，正如我告诉你的那样，低价股是你拥有大优势的地方。我们可以开始了吗？

暴涨股总结

密切关注

我尽了最大努力把有价值的信息塞进本书里。

我在 www.bigprofitsfromsmallstocks.com 这个网站上为本书读者准备了一些额外信息。这个网站塞满了额外的小窍门、交互视频和一大堆股票代码，它们能够帮助你建立属于自己的小盘股投资组合。

最后，本书每一章后面都有总结，你现在正在读的部分就属于总结，目的在于方便日后参考。这样，本书将来还能充当一本重要的参考工具，并不是读完一次就没有用了，而是只要你打算投资低价小盘股就可以拿出来翻阅。马上就要进入低价股的狩猎场狩猎了，希望你乐在其中！

第 2 章

投资低价股就像买彩票？

投资低价股的初试牛刀

ice is not just right,it's critical the price is not just right,it's critical the price is no

当那些好的企业突然受困于市场逆转、股价不合理下跌，这就是大好的投资机会来临了。

——沃伦·巴菲特

本章导读

大盘蓝筹股A从50元涨到70元，小盘低价股B从5元涨到7元，A与B的涨幅都是40%，但谁需要的量能更大？在华尔街流传着一句俗话，如果一定要拿A和B比较，那就好像是拿苹果和金橘相比。

通过这个例子，可以看出，投资低价股，始终是价格为王。

低价股的股价开始暴涨时，这种情况会长达一两天，即便不会持续数周，至少也会连续几天。大型机构投资者开始购买该只股票时，低价股显现增长势头，狂欢才真正开始

我并不喜欢“便宜”一词。因为“便宜”并不是一枚荣誉勋章，而是绝望的象征。便宜没好货，次货配不上体面的人，如果所有人不太体面，这个国家也就没救了。这是美国第 25 任总统威廉·麦金莱（William Mckinley）说过的一句话，可以看出他似乎对一切便宜的东西都没有好感。同样，你会发现华尔街上很多专业投资者像普通投资者一样，似乎都对低价股持有类似的，但没必要的厌恶。

你不妨针对金融分析师做一次调查，询问他们对低价股的看法。你就会发现他们认为购买低价股就和购买彩票差不多，而且认为两者带来回报的概率差不多。另外一些人认为低价股的交易费用较高，因此认为不可能从中获得超额收益。

分析师之所以得出这些结论，是因为他们把低价股视为同一类型的股票，并没有根据它们的财务状况及发展潜力分类研究。在股市里，各种类型的公司鱼龙混杂、良莠不齐，他们不经调查研究，得出的结论自然也是不正确的。这种做法等于把西兰花、速食汉堡、胡萝卜和肉汤煮成一锅汤，然后得出这些食物有害身体健康的结论。而菜篮子里可供选择的菜有很多种，不应这么武断地下结论。

然而，主要证券机构似乎在竭尽全力反对交易低价股。大多数提供全方位服务的公司对低价股收取较高比例的佣金。包括折扣经纪商在内的很多机构对于低于10美元的股票交易采用不同的佣金规则。当你在股票网站点击购买10美元以下的股票时，经常会收到各式各样的忠告，警告你投入的钱可能有去无回。如果继续购买，你的投资表现就会被拉低。他们在低价股确认交易的界面附上法律免责声明，而高价股的交易界面则没有类似条款。

为什么？因为你可能也听说过，买卖低价股时，价格为王。

约翰·邓普顿爵士不仅是一位价值投资大师，也是一位广为人知的“淘宝客”。他选股的法宝是，放眼全球，寻找低价的、长期前景良好的公司。邓普顿相信，完全被忽视的股票是最让人心动的便宜货—尤其是投资者尚未研究的股票。

苹果与金橘如何比较?

50美元的股票上涨到70美元，和5美元的股票升到7美元，从上涨比例上讲是一样的。从表面上看，似乎说得通。毕竟，两种情况下，股价都增长了40%。如果说增长相同，是有道理的。然而，这种理论站不住脚的地方在于，在华尔街没有什么公平可言。大多数情况下，我们把50美元的股票跟5美元的股票拿来对比时，就像是拿苹果与金橘比较一样。请允许我多解释两句。基础经济学理论告诉我们，价格波动是由供求关系造成的。如果两家公司的规模相同，市值相同，每天的交易量相同，那么所有情况都一样。然而这种情况极其罕见。

让我告诉你现实世界的交易方式吧。假设明天早上有 2 000 位投资者想要购买一只银行股。他们每个人都可用 1 万美元。一半的投资者决定购买富国银行(WFC)。美国富国银行是一家很棒的银行。无论从哪个角度看，他们都将近期爆发的信用危机处理得很好。华尔街的大多数投资者都偏爱这只股票，甚至伯克希尔·哈撒韦公司董事长沃伦·巴菲特也是富国银行的大股东。如果你想购买一只像富国银行这样的优质银行股，我认为你的选择无可厚非。

另外 1 000 位投资者决定用现金购买一只我在 2010 年 10 月推荐的暴涨型低价股。POP 银行是波多黎各最大的银行之一，大踏步地平衡收支。巴菲特完全没有买进这家银行的股票，但是当时最成功的经纪人之一约翰·保尔森（John Paulson）一直在购买该银行的股票，并且拥有了相当比例的股份。

1 000 位投资美国富国银行的投资者，每人用 1 万美元购买 333 股 30 美元左右的股票。当天，他们的投资总金额是 1 000 万美元。美国富国银行拥有 52 亿股份、市值 1 500 亿美元。这只股票平均日交易量 3 700 万股。我们购买的 333 000 股股票还达不到这只股票日交易量的 1%。供给量之大足以消化我们的需求，我们的购买量完全不会改变股票价格。

现在我们回过头来看一看 POP 银行的股票。1 000 位投资者每人花 1 万美元购买 3 333 股 3 美元左右的股票。投资总金额仍然是 1 000 万美元，但当天该股的日交易量是 3 300 万股。POP 银行的日交易量约 800 万股、市值约 30 亿美元。我们的购买量相当于该公司 40% 的日交易量，相当于该公司总市值的 1%。相比之下，交易量达到美国富国银行的 1% 需要 15 亿美元或者另外 14 个拥有 1 亿美元的投资者（见图 2.1）。我们的购买需求将给供给造成压力，应该会引起当天股价上扬。

低价股的股价开始暴涨时，这种情况会长达一两天，即便不会持续数周，至少也会连续几天。大型机构投资者开始购买该只股票时，低价股显现增长势头，狂欢才真正开始。对冲基金决定大量买入一家市值为 300 亿公司的股票时，会让市场上流通的股票吃紧，借此推高股价。

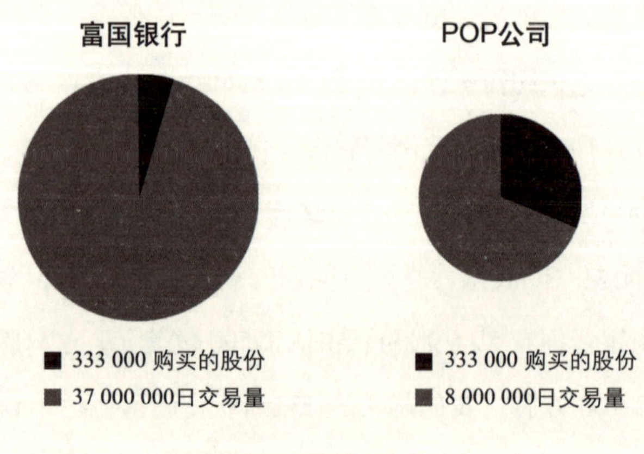

图2.1　供需关系

这也是低价股的波动幅度比高价股更大的原因。如果其他条件一致，让 50 美元的股票上涨到 70 美元需要的量能，与 5 美元的股票上涨到 7 美元需要的量能相同。基本上，低价股与高于 10 美元的股票相比，前者的份额较少。即便低价股曾经被分拆成上百万份股票，不景气的时候依然会“坠落凡间”，总市值比同规模的高价股小得多。需要投入大量资金才能买尽在市场上的流通股，才有可能满足拉高股价的新需求。

华尔街厌恶，投资者欢喜

我给你举个例子吧。丹德里昂（DNDN）是一家生物技术公司。五六年前，这家公司发明了一种直接从患者的免疫细胞中提炼的新药，整条华尔街都曾为这个消息感到兴奋。这种新药的出现标志着人类朝着治愈前列腺癌的目标迈进了一大进步。美国食品药品监督管理局马上就要批准这种新药了，投资者也为即将拥有一种突破性新药而兴奋不已。2007 年，丹德里昂公司的股价被推高至 20 美元以上。

他们确实有理由兴奋。丹德里昂公司从 2000 年开始一直致力于开发这种名为 Provenge 的前列腺癌疫苗的新药，早期实验结果相当乐观。美国食品药品监督管理局下属委员会的早期投票结果表明这种药极有可能获批。然而，到了 2007 年 5 月，轮到食品药品监督管理局投票时，他们又认为需要再进行一些实验和多收集一些信息才能批准这种新药进入批量生产环节。

投资者听说新药推迟上市的消息后很不满意。机构投资者和个人投资者迅速抛售该公司股票。丹德里昂公司的股价跌至历史最低点。2007 年年底，股市因次贷危机而进入萧条期，丹德里昂公司的股价加速下跌。2009 年 5 月，丹德里昂公司的股价跌至 2.60 美元。

美国食品药品监督管理局宣布药品测试结果之前，丹德里昂公司的市值超过 30 亿美元。股价暴跌后，丹德里昂公司的总市值骤降至 4 亿美元以下。

正是此时，我开始对丹德里昂公司感兴趣。美国食品药品监督管理局并没有否定这款新药，他们只是要求获取更多实验证明。至少早期的检测结果和美国食品药品监督管理局的下属委员会的投票结果表明这款新药极有可能获批。于是，我开始认真研究它的财务报表以及食品药品监督管理局针对这款新药公开发布的各项报告。我还查看了自己在生物科技行业投资的项目。

从我的调查结果来看，丹德里昂公司的这款新药极有可能因为新的实验结果获得通过。于是，我开始买进它的股票。我认为新的实验结果出来以后，华尔街上的专业投资者就会蜂拥而至，抢购该股。当时，丹德里昂公司的市值不到 4 亿美元，我预测涌入的资金会迅速把股价推到非常高的位置。只要丹德里昂公司的股价处于低位，我就买进，其他投资者还在因为股价增长缓慢而恐惧和害怕时，其实，我已经获利良多。在这只股票上，我建仓完成时，平均买入价居然不到 5 美元。

2009 年 4 月，丹德里昂公司发布的最新研究结果表明，与其他治疗前列腺癌药物相比，服用 Provenge 能延长患者的寿命。2009 年 5 月，美国食品药品监督管理局最终批准丹德里昂生产与销售这款新药。得知这个消息后，华尔街上的投资者蜂拥而上。共同基金和对冲基金也希望从新药上市中获益。市场上一下子涌入了几百万美元的买盘资金，丹德里昂公司的股价上涨得非常快。不到两周时间，它的股价就上涨到20美元以上，总市值也重新增长至30亿美元。然而，买进狂潮并没有消退，因为新药必定受到市场推崇。一年后，我在50美元以上，抛出丹德里昂公司的股票，赚到900%的利润。我把大量资金用于购买小盘股，它的价格在一年多的时间呈直线上升！

上面的例子并不是说，你购买的所有低价股都会暴涨，或成为十倍股。这种好事，多数投资者一辈子也可能只会遇到一两次。我要告诉你的是，我们尽量利用华尔街对低价股的厌恶，持续赚取高额利润。如果把股市投资比喻成品尝蛋糕，那么，买到十倍股只不过相当于品尝蛋糕最外层的糖衣！

如果是一只羊，就做领头羊

华尔街发现一家公司的潜力或看出一家公司大势已去时，他们习惯蜂拥而至，来势汹汹的资金会改变市场上的供需关系，这点可以为我们所用。大型机构投资者参与买卖的股票，价格往往会迅速波动。

我们做好调查工作，就能发现市场上的反常现象，并加以利用。某只股票的价格出现攀升时，华尔街的从众本能必定会进一步推高股价。尽管很多保守型机构投资者禁止分析师持有10美元以下的股票。但你要相信，如果一家公司发明了一种突破性新药，基金经理一定会不惜一切代价购买该公司的股票。目前来说，购买一只暴涨型低价股，要比向投资者解释拒绝购买某只受追捧的股票的原因，容易得多。华尔街的从众本能不仅能通过将股价压低创造投资机会，当它调转枪头，将低价股的价位拉高到超越多数人的预期时，同样能为我们创造利润。

暴涨股总结

密切关注

很多时候，把 50 美元的股票和 5 美元的股票拿来对比，就像是比较苹果与金橘一样。

供需关系会引起价格波动。见图 2.1，图解富国银行和 Popular 银行。

华尔街意识到一家公司的潜力或者看出一家公司大势已去时，他们习惯于蜂拥而至，来势汹汹的资金会改变市场上的供需关系——通常以非常快的速度改变。

第3章

无所不能的勇士如何倒下

定义“坠入凡间的天使股”

ow the mighty have fallen oh,how the mighty have fallen oh,how the mighty ha

在廉价证券市场表现出的勇气，并不仅仅来自于以往经经验，而且还依赖于合理的价值分析方法的应用。

——本杰明·格雷厄姆

本章导读

在天使与恶魔的战斗中，恶魔的数量远远多于天使。在搜寻“坠入凡间的天使股”时，我们同样发现“恶魔公司”远远多于“天使公司”，且通过外表观察，永远无法辨认谁是恶魔，谁是天使。

有些公司由于产品落后于时代而坠落；有些公司由于过度负债而奄奄一息；有些公司在竞争中两败俱伤……但只有那些拥有创意，并付诸实施，且努力提高销售额的公司，最终才能重返天堂。

通常在搜寻低价股的众多工作中，寻找“坠入凡间的天使股”是最容易的工作之一。实际上，大多数时候，媒体已经帮你完成了这项工作。

在《神曲》地狱篇中，但丁把从天堂坠落，由美丽天使变成的骇人魔鬼描述成“坠入凡间的天使”。这个词非常适合描述我所谓的“坠入凡间的天使股”。这些公司曾被视为蓝筹股或成长股，如今已被华尔街和个人投资者抛弃。这类股票即便没有受到投资者热捧，或被广泛持有，但至少被称赞过或受人尊敬过。发行这类股票的公司遭遇了重大变故，而导致股价跌至个位数。

多数情况下，个人投资者抛售太迟，损失惨重，导致他们对这些公司产生了厌恶感和极度不信任。在个人投资者看来，这些股票确实很恐怖，应该不计代价地避开。他们也许忘记了：在股市里，厌恶通常暗藏机遇。

天使坠落与恶魔重生

通常，一只股票的价格进入下跌通道，下跌就成了常态。投资者开始抛售它，大型基金也认输并抛售，把股价一路压到10美元以下。这时，保守型机构投资者也被迫抛售，因为这些机构的投资策略禁止他们投资低于10美元的股票，股价继续跌向深渊。大型股票经纪公司的分析师不再关注这类股票，投资者也没有兴趣购买。所有人转而把兴趣转移到其他股票上，任由这些股票自生自灭。

要想寻找到“坠入凡间的天使股”，我们需要扪心自问两个问题。第一个问题是：出了什么问题？

- 经营多样化战略是否削弱了主营业务，将业务延伸至不专业或不具备优势的领域？
- 负债是否过多，导致现金流紧张？
- 市场上是否出现了超越他们的竞争对手？
- 消费者是否改变了消费习惯和偏好，导致公司落后？
- 是否存在阻碍公司重新盈利，而必须解决的财务违规行为或监管问题？
- 是否正在与客户或供应商打官司，影响了股价？

对于任何一家由出色公司变成“坠入凡间的天使”，我都能列举出一箩筐在经营上出现的问题和原因。考虑投资“坠入凡间的天使股”之前，你必须清楚出了什么问题以及谁应该为此负责。

下一个问题是：能否解决？

- 公司能否砍掉利润有限的副业，集中精力于核心业务？

- $调整经营，能否重新受到市场追捧，超越竞争对手？
- $公司能否创造足够的现金流偿还债务？
- $公司能否通过重组资产负债表实现盈利？
- $监管问题是否会对公司产生永久性损害？
- $危机解除前，他们能否保持与供应商和重要客户联系？
- $财务违规或监管问题是误会，还是涉及欺诈或犯罪？
- $公司产品或服务能否重新获得客户认可？

找到问题后，我们需要确认它能否得到解决。如果可以，我们就拥有了一只候选的“坠入凡间的天使股”。依照我的经验，过不了多久，出现转机的公司的股价就会上涨两倍甚至三倍。

你开始追问这些问题的答案时，你最终发现恶魔比天使多得多，意识到这一点很重要。有些公司由于落后于时代，市场对它们的产品或服务的需求有限。有些公司负债累累，危在旦夕。例如安然公司，因为涉嫌诈骗以倒闭。只有有足够创新意识且足够努力提高销售业绩的公司，才能逃离股价处于个位数这一劫难，拉抬股价，重新成为华尔街的宠儿。正如诗人所说，技巧在于辨明哪些“坠入凡间的天使股”能够重返天堂。

在汽车行业谷底，吃进福特股票

在股票的历史上，美国制造业典范福特汽车的股票就是一只典型的“坠入凡间的天使股”。长期以来，福特汽车与通用汽车都曾被认定为最优质的蓝筹股。福特汽车公司创建于1903年，普遍认为它发明了流水线组装汽车的生产方式。“二战”期间，福特汽车是工业英雄之一，大批量生产汽车满足了美军的需求。在福特的推动下，美国出现了中产阶级。1956年，福特汽车公开上市，并在接下来的数十年间，被看作孤儿寡妇股票，意指值得持有一辈子的股票。福特汽车在鼎盛时期，它出售汽车和卡车，并赚到数十亿美元，它还为汽车购买者提供贷款。

福特汽车一直热衷于收购。1989年，他们收购了“007特工”詹姆斯·邦德最爱的英国轿车品牌阿斯顿·马丁。同年，它又收购了捷豹。接着，又以30亿美元高价收购了位于达拉斯的金融公司The Associates。10年后，福特汽车出于全球化战略考虑，它又收购了瑞典著名汽车品牌沃尔沃。进入21世纪，福特汽车购买了宝马旗下的路虎品牌，产品阵营中增加了一款著名的高端SUV车型。

进入21世纪，福特汽车在美国本土和美国之外的销售看起来都出现了稳定增长。福特野马改良后的市场反响相当不错。在美国小货车市场上，福特F系列占据了主导地位。然而，2005～2010年，福特汽车的经营出现问题。福特汽车不得不停止1986年投产的福特Taurus车型，这款车一直深受政府和企业偏爱。2005年，福特汽车不得不调用20亿美元经营捷豹。投资者开始担心汽车制造商的医疗保障以及养老金上的开支。2006年，虽然福特汽车的股价曾在2006年降至两位数，我仍然认为福特汽车的经营状况令人担忧。我当时完全不考虑购买福特的股票。

2006年，福特汽车的经营状况进一步恶化了。日益增长的员工医疗保健成本加上销售放缓、边际收益下降，福特汽车亏损日益严重。至此，福特汽车总共亏损了 126 亿美元。此外，日本丰田在美销量超过福特。

同年晚些时候，福特汽车管理层狠下心赌了一把，他们用公司的全部资产作抵押，借了 2 360 万美元，这件事令投资者陷入更大的恐慌中。福特汽车的新任 CEO 说借来的这些现金有助于公司更快地对市场变化作出反应，并且能为公司应对经济衰退提供缓冲。

The Little BOOK of Big Profits from Small Stocks

林奇先生对汽车股也进行了比较深入的研究。当大多数投资者把福特、通用等汽车股看作蓝筹股时，林奇先生认为它们却是典型的周期股。20世纪80年代，他的麦哲伦基金重仓福特、克莱斯勒等汽车股，并收获颇丰，从1987年，他开始对汽车股实施了减仓操作。那么，我们应该什么时候关注汽车股呢？林奇先生说，二手车价格回升则是汽车制造商业绩好转的先兆。

2008 年，美国汽车市场进入低谷。汽车市场完全是买方市场，随着次贷危机深化，汽车购买者的拖欠债务率升高，销售利润随之挥发。2008 年是福特汽车史上最糟糕的一年，福特汽车亏损了超过 4 140 亿美元。福特汽车总裁毕恭毕敬地到美国国会请求紧急救助。

此时，福特汽车在 2006 年年底做出的孤注一掷的尝试终于得到了回报。克莱斯勒公司和通用汽车最终不得不申请破产，并接受政府的紧急救助和资金。由于实现了再融资，福特汽车手头上现金充足，且不用承受这么大的牺牲就幸存下来。现金充足的情况下，福特汽车得以在不需要借助政府支援的情况下正常经营。福特汽车采用债转股的方式，削减了100亿美元的债务。福特汽车管理层与全美汽车工业联合会（UAW）达成协议，全美汽车工业联合会同意福特以股票支付养老金和医疗保健费用。2009年，汽车行业一片萧条，福特汽车的股价跌到2美元以下。福特被迫放弃捷豹、路虎以及沃尔沃等非核心品牌。

此时，我开始对福特汽车的股票感兴趣了。在我看来，如果竞争对手相继破产，福特汽车却在没有借助政府资助的情况下幸存下来，原本处于低位的股价轻易就能翻倍。2009年，投资者都以为汽车行业完蛋了。阅读了福特债转股提议的细节后，这项提议显然能在很大程度上削减债务以及支付利息，有利于平抑亏损。汽车行业分析师告诉我，债权人极有可能接受这项提议。汽车行业的朋友也告诉我福特的新车型不错，F150系列小货车仍然占据市场的主导地位，并且拥有一批忠实客户。

在我看来，福特汽车显然会成为汽车行业的幸存者，福特汽车的股票非常值得买入。即便经济萧条持续了一段时间，福特汽车有足够的现金熬过低潮期，一旦消费者回到市场，新车型就能卖得很好。“旧车换现金计划”（Cash For Clunkers）让部分消费者比预计时间提前回到汽车市场，福特汽车正慢慢恢复元气。即使投资者不敢在2美元时买进福特股票，也要敢于在涨至5美元时买入。因为福特汽车显然会幸存下来，而且是唯一不需要申请联邦政府破产保护的美国汽车制造商。福特汽车重新实现盈利，从那以后，投资者亲眼见证福特股价翻3倍的过程（见图3.1）。

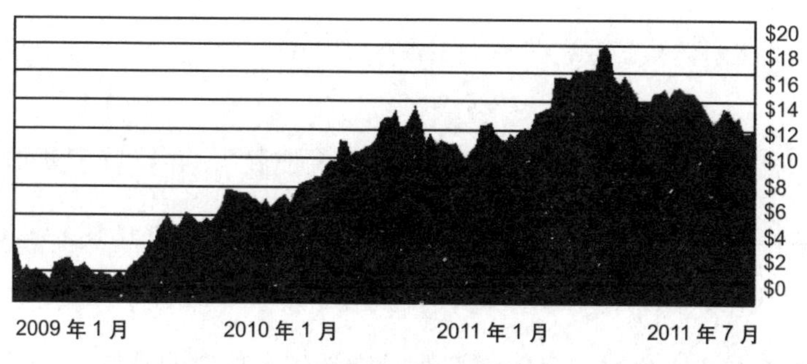

图3.1 福特公司股价突破后的走势

出了什么问题？福特汽车的问题并不难回答。首先，管理不当导致汽车和卡车生产线失去活力。消费者被丰田等其他国家汽车公司提供的高品质汽车吸引，因此，美国汽车三巨头不断丧失市场份额。其次，他们重建经营模式，高度依赖利润平抑损益表。最后，福特汽车扩张业务时缺乏规划，购买了很多无法形成核心竞争力的汽车制造商。

更重要的问题是能否解决？这个问题很难回答。我一直困惑于这个问题如何解答，得知 2006 年年底福特汽车押的重注一定会有所回报时，才解决我的这个疑惑。经济萧条和次贷危机期间，拥有现金帮助福特汽车免于（像另外两大竞争对手那样）破产，与工会以及债权人合作获得了必要的杠杆。福特汽车的问题不但能够解决，而且必将得到解决，福特股价必定会走高。福特汽车为了争取一个光明的未来下过重注，到 2009 年，投资福特汽车的投资者都赌赢了。

福特汽车的股票是一只典型的“坠入凡间的天使股”，为了保险起见，我们再来看一个例子。

自行定价权：漏洞百出的护城河

我买进最棒的一只“坠入凡间的天使股”，并持有了8年，我这么做是有理由的！20世纪90年代中期，我投资了不少网络股，90年代末，网络泡沫形成时，我获利不少。2001年和2002年，借助网络泡沫的余波，我仔细筛选股价跌到个位数的股票。很多网络公司都是昙花一现，很快就被堆放到垃圾堆里。

网络股并不全是垃圾，我惊讶地在垃圾堆里发现了价格线公司(股票代码：PCLN)。2003年，该公司的股价正以3美元左右的价格交易。

我早期从事高科技股的研究工作，所以我非常了解这家公司。我甚至使用过这家公司提供的服务，并且非常满意该公司提供的服务，我很多朋友和业务伙伴也都用过他们的服务并且感到满意。价格线公司里最出名的业务是以自行定价的方式提供机票、酒店、租赁车辆等旅游服务。1999年，互联网和电子商务风行，价格线公司的股价达到史上最高。

接着，价格线公司的经营出现了一些失误。它试图用自行定价的方式供应汽油、杂货、长途电话服务以及其他产品。它还努力与eBay公司竞争线上拍卖业务。他们还曾在很短一段时间内实施过自行规定住房抵押比例的项目。这一切尝试性经营项目的结果都只是烧了不少钱。

网络泡沫破灭，价格线公司的股价以非常惊人的方式暴跌。从165美元高位跌至1美元以下。开始研究这家公司时，我发现与其他电子商务竞争者不同，这家公司拥有许多现金。与我交流过的分析师告诉我，他们认为到 2003 年年底，这家公司就能实现盈利。它放弃了所有非主营业务，重新专注于核心旅游服务。

威廉·夏特纳（William Shatner）经常在电视上为该公司做广告，我相信他不是免费这么做。我朋友告诉我，他们仍在使用该公司的自行定价服务，依然觉得非常满意。于是，2003 年 2 月，我买入了该公司的股票。

我买入后，没过多久，为了应对美元低迷，公司对股权进行合并，6 股合并为 1 股。合并后，我的成本基准或最初投入的成本调整为每股 7.63 美元。我写这本书的时候，价格线公司的股价是 543 美元，我依然没有卖出这家公司的股票。它的经营状况良好，重新成为增长最快的公司之一。通过询问**出了什么问题**？**与能否解决**？两个问题的答案，以及搜寻到这只“坠入凡间的天使股”，我赚了 70 多倍的利润。

出了什么问题？显而易见。由于全球网络泡沫破灭，这家公司的股价也出现了暴跌，加上后来公司管理层试图进入缺乏竞争优势的行业。我认为只要价格线公司重新专注于核心业务就能解决问题，所以股价处于低位，只是时间问题，公司业务和股价迟早会重新出现增长。

刻在墓碑上的股票

我并不是说寻找“坠入凡间的天使股”是一件容易的事。这家公司出了什么问题？与如何解决？这两个问题看似简单，但要找到答案也相当费力。你必须先列一张“坠入凡间的天使股”备选清单。

通常情况下，在搜寻低价股的众多工作中，寻找“坠入凡间的天使股”是最容易的工作之一。实际上，大多数时候，媒体已经帮你完成了这项工作。像福特汽车这类巨头公司的经营出现状况时，财经媒体都会喋喋不休地报道它的情况。通常，阅读并留意市场动态和财经新闻就能找到“坠入凡间的天使股”备选清单。即使缺乏媒体的关注，蓝筹股和曾经的领涨股也不会变成落后股。

The Little BOOK of Big Profits from Small Stocks

国内的A股市场在消息面上，并不比国外落后。投资者可以根据自己喜欢浏览东方财富、和讯财经、新浪财经等门户网站，也可以通过同花顺、大智慧等炒股软件附带的新闻页面查看财经新闻。有些网站还可以设置条件，进行股票筛选。对于广大投资者，免费获得一些投资建议，再细心查证，也不失为一条有效的投资策略。

周六早上认真阅读最新一期的《巴伦周刊》，这可是寻找“坠入凡间的天使股”的方法之一。如果你和我一样喜欢，边看报纸边喝咖啡。我不太愿意看上面的文章和评论，因为跟财经媒体的内容大同小异。我偏爱“图示市场”栏目的内容，尤其是本周下跌的股票以及连续 52 周处于低位的股票。寻找清单上你特别熟悉的股票。搜寻上周遭大量抛售、目前价位处于个位数的股票。

下一步，搜寻“坠入凡间的天使股”的标准是检查标准普尔

500 指数的股票。简单地搜查一下，哪些位于行业领军位置的公司的股价正以 10 美元以下的价位交易。谨记，我们只是在搜集备选的“坠入凡间的天使股”。我写这本书时，标准普尔 500 指数内只有 27 只股票以个位数的价格交易。曾经的成长股波士顿科技和电讯设备生产商泰乐公司也榜上有名。

最后，我要介绍的是，目前搜寻潜在赚钱股票最佳工具是基于网络的股票筛选软件。非常适用于筛选“坠入凡间的天使股”。现在网上有很多免费的股票筛选软件，只需要在筛选软件上点几下按钮就能搜寻到总市值超过 10 亿美元、价位低于 10 美元的股票。只需要在列表中搜寻坠落的蓝筹股或受欢迎的成长股就可以了。脑海中需牢记一点：如果你长期活跃于股市，从没有听说过列表中某家公司的名字，它显然不是“坠入凡间的天使股”。

有了“坠入凡间的天使股”备选名单后，你是时候挽起袖子研究上述两个问题，并给出答案了。

上市公司必须提供给联邦政府的各种材料是评估股票的基本工具。上市公司每季度都必须填写一张包含 10 个问题的表格，向美国证券交易委员会（SEC）提供财务经营状况的深度信息。每年年底还必须提交一份被称为 10-K 的表格，用于年报归档。年报将对公司过去一年里的财务状况、产品或服务的市场份额进行全面回顾。登录 www.sec.gov 网站，你就能看到这些表格。

如果你从来没有查阅这些表格，也不用担心！我的网站 www.bigprofitsfromsmallstocks.com 上提供了辅助阅读这些表格的材料，方便你看懂这些表格的内容。无论你是否熟悉这些报表，不要立刻放下本书就开始查阅它们。我将在第 8 章说明，我们对 10-Q 表以及 10-K 表的看法与一般的看法不同。

现在，只需要开始寻找备用的“坠入凡间的天使股”。它们是最容易受到忽视的低价股。你不能一股脑地将所有低于 10 美元的股票全都买回来。安利公司、世界通讯公司以及其他红极一时的商业巨头，它们的股票曾一度进入我对“坠入凡间的天使股”清单，但它们最终都躺在了墓地里，墓碑上刻着：不名一文。现阶段，我们能做的只是列出一张清单。

下一步，我将要向你介绍另外一类暴涨型低价股。

暴涨股总结

搜寻“坠入凡间的天使股”

“坠入凡间的天使股”即便没有受到投资者的热捧或被广泛持有，但至少被人赞扬过或受人尊敬过。发行这类股票的公司遭遇了重大变故，导致股价跌至个位数。随着时间的推移，“坠入凡间的天使”终将回到天堂。

通过翻阅《巴伦周刊》的“图示市场”栏目，在本周下跌的股票中搜寻熟悉公司，搜寻“坠入凡间的天使股”。搜寻标准普尔 500 指数中价格低于 10 美元的股票。

利用筛选工具搜寻总市值超过 10 亿美元或以上，价格低于 10 美元的股票。

拥有了备选“坠入凡间的天使股”名单后，问自己出了什么问题？以及能否解决？翻阅各家公司的 10-Q 表以及 10-K 表寻求答案。

第 4 章

默默成长

寻找待发现的成长股

growing out of sight growing out of sight growing out of sight growing out of sight

真正出色的公司很少，当其股价偏低时，应充分把握机会，应该让资金集中在最有利可图的股票上。

——菲利普·A. 费雪

超级畅销书《怎样选择成长股》

《费雪论成长股获利》作者

本章导读

哈雷摩托的狂热爱好者三句话不离摩托车，恶劣天气无法阻止钓鱼爱好者外出，隐藏得再好的成长型公司在林奇的“利基理论”或巴菲特的“经济护城河”面前一样原形毕露。其实，两位大师的理论都是指垄断经营权，只是表述多少有所不同而已。

这也正是林奇寻找成长股的阿拉丁神灯，比如可口可乐的配方、云南白药的秘方、地区唯一的石料场等。

有些机构也发现了它的价值是好事，因为如果完全没有人知道这只股票的话，后期掀起推高股价狂潮的可能性就比较低。

只有“成长股”这个词最能让华尔街人士的心狂跳不止。在他们的脑海中，成长股意味着提供新型产品和服务、快速成长的公司。这种联想合情合理。如果在一家成长型公司创立早期就发现了它，那你坐着什么都不干就能收获丰厚的回报。

大部分通常被称为成长股的股票都会被我归为“达尔令股”这个类别。这些股票是华尔街的最爱。“达尔令股”还意味着目前拥有大量市场动能，交易量极大。它们通常也是同事们围在饮水机旁热议的股票。“达尔令型公司”通常拥有前沿科技或者制造深受市场追捧的产品。苹果公司不正是这样吗？它们可不是我们搜寻的暴涨型低价股。它们在市场上已经很火了，大部分时间以高价交易。

我们应该转变思路，寻找待发现的成长股。你并不需要购买最受欢迎的股票。如果所有人都偏爱并且愿意持有这家公司的股票，那它的价格必定相当高，收益也会因为高价而打折扣。传奇投资家约翰·邓普顿爵士曾说过，随大流的话，很难在市场上脱颖而出。

掘金潮让一些矿工发家致富，但是让更多矿工破产了，而几乎所有为矿工提供产品或服务的人都获得了成功。或许拒绝追赶热潮的想法难以让人热血沸腾，但它显然更赚钱。

彼得·林奇为何偏爱“黑手党”？

我们对传奇人物彼得·林奇在其经典著作《彼得·林奇的成功投资》中描述的那类股票更感兴趣。林奇先生认为完美的股票应该存在于一个波动不大的利基市场内，如果那家公司从事的业务难以让人产生好感就更好了。他开玩笑说，即便有传言说公司产生的废料有毒或者有黑手党参与经营，他依然偏爱这类股票。华尔街完全忽视这类股票，只有少数机构投资者会持有这类股票，分析师完全不会留意这类股票，更不会撰写这类股票的分析报告，因此它们完全不存在涨价压力。

以上描述听起来是否耳熟？在前面的第1章里，我们曾将这类公司作为拥有暴涨潜力的低价股典范来描述。达尔令国际从事的行业相当不光鲜。但收集油脂这个无聊且脏兮兮的行业却必不可少。通常，大多数人根本不会去了解达尔令国际的业务是什么。我从来没有在鸡尾酒会上听谁说过自己在投资这家不起眼但收益丰厚的公司。这恰恰是“达尔令股”如此值得投资的原因。这类公司默默地成长为业内最大的公司，并以非常快的速度盈利。达尔令国际不仅是低于10美元的代表性股票，它还是一只待发现的成长股。

然而，我要提醒你的是，并非所有待发现的成长股都默默无闻。

通常我们购买其他人不愿意购买的股票。例如 2003 年，黑莓手机制造商 RIM 公司的股价大幅下挫。当时手机行业的技术领军是纳克斯泰尔公司（Nextel），由于 RIM 公司专注的寻呼业务领域正逐渐凋零，所以在竞争中败下阵来。此外，RIM 公司当时正忙着就其发明的多项专利所属权问题打官司。种种原因导致 RIM 公司的股价一直停留在个位数的价位。然而，2003 年，纽约（我本人就在纽约工作居住）全市停电时，我有了一项惊人发现。停电后，黑莓手机是唯一能正常使用的通讯工具。我本人有一部黑莓手机，所以能在当晚与外界联络，而所有使用其他品牌手机的朋友都没办法打电话。

The Little BOOK of Big Profits from Small Stocks

林奇先生说，他本人很少坐在办公室办公。他要么是在标的公司，要么是在去标的公司的路上。他总是在无休止地寻找值得投资的公司。即使是一家曾倾家荡产的公司有新产品上市或营业额开始好转，他就会立刻到这家公司调研，如果情况真的向好，他会立即买入这家公司的股票。

刚一恢复通电，我就开始购买这家公司的股票。他们显然拥有比竞争对手更先进的技术，我坚信这只股票能重振雄风。后来的事情也确实证明它做到了，5 年后，黑莓网站 CrackBerry 的成功推动股价翻了 100 多倍。

生活中不乏这样的机遇，只是需要反复搜寻才能发现。你会发现遭华尔街鄙视的那些公司生产的产品实际上卖得非常好。例如，大多数分析家都看不上卡骆驰（Crocs，股票代码：CROX）和暴走鞋（Heelys，股票代码：HLYS），但是我留意到我很多朋友脚上都穿着难看的卡骆驰，且尽管研究称暴走鞋没有保护性齿轮容易引起损伤，每次我要去购物中心或公园时，还是会找各种借口让孩子们穿上网球暴走鞋。

制造迷人产品的消费股

想寻找遭误解的成长股，最好去那些被我称之为制造迷人产品的公司。无论经济形势如何恶劣，世界如何变化，人们的日常生活根本离不开这类公司制造的产品，甚至有些产品已经成了人们的兴趣爱好，或者一种生活方式。这些公司被华尔街忽视仅仅是因为华尔街人士没有这方面的喜好，或者没有意识某些公司基本不可能关门大吉，无论经济形势如何恶劣。对这些公司来说，如果销售放缓，只会导致需求被压抑。购买行为或许会推迟，但迟早会发生。

全世界最大的户外运动器械商场坎贝拉（Cabela’s，股票代码：CAB）就是一个制造迷人产品的极佳例子。早在 2008 年，所有零售商的销售业绩都在下滑，坎贝拉商场却没有受影响。当时正是金融危机形势最严峻的时候，整个市场都在以疯狂的速度廉价出售存货，失业率迅速攀升，消费类股票成了领跌股。坎贝拉商场旗下有一家银行，用于发放信用卡给消费者，与其他信贷公司一样，坎贝拉银行遭受了债务损失。根据公司资产负债表上的债务清单，华尔街认为坎贝拉商场判定这家以信用卡为杠杆的零售商，未来几年都将处于亏损状态。实际上，坎贝拉的股价确实与其他零售商一同随着股市行情下挫。2008 年年末，坎贝拉的股价跌至 5 美元以下，第二年也仍然处于这样的低位。

华尔街先是忽视了这一点：坎贝拉商场利用店铺和销售目录出售打猎和钓鱼工具，会使用这类工具的人都不是浅尝辄止的初学者。我可能永远不会爱上打猎，但是我有一些朋友无论天气如何，都愿意在凌晨爬出温暖的被窝，外出打猎。下雨也好，下雪也好，下冰雹也好，这些总让我想要泡一杯热茶，然后重新蜷缩进被窝里的恶劣天气，丝毫不会影响这些狩猎爱好者出行。那些钓鱼爱好者也是这副德行。有一首描写钓鱼爱好者的乡村歌曲，歌词里说，如果硬要他在钓鱼和婚姻中做出选择的话，他只能为放弃妻子而感到惋惜。我估计歌里描述的情形与现实八九不离十。无论天气、市场如何变化，猎人总要出门打猎，钓鱼爱好者也总要出去钓鱼，而他们都需要最新、最好的装备才能捕到猎物、钓到鱼。

华尔街还忽视了一点：虽然坎贝拉商场的长期债务超过 3 亿美元，但是他们还拥有大量现金。2008 年年底，从账面上看，他们赚取了超过 4 亿美元的现金和等价物。虽然他们也发放信用卡，但损失金额从来没有达到其他经营信用卡的零售商的损失程度。运动爱好者绝不愿意因为经济条件不允许就放弃自己的爱好。坎贝拉商场发放的信用卡超过 1 100 万张，2008 年年底坏账率不到 3%。

坎贝拉商场当时也拥有大量资产。旗下的 29 家商场，其中 24 家由公司独立持有，股票的账面价值在 12 美元以上。2008 年，坎贝拉商场新开了两家连锁店，并计划在 2009 年再开一家。2008 年 11 月，我开始以 5 美元以下的价格购买坎贝拉商场的股票。接下来的一年里，坎贝拉商场的销售和利润开始增长，是当时少数几家出现增长的公司之一。

另一方面，信用卡的坏账率有所增加，最终超过了5%。然而其他零售商以及发放信用卡的银行已出现两位数的坏账率，与它们相比，5%已非常微小，而且这个比例属于可控范围内。2009年，坎贝拉商场在蒙塔纳州新开了一家连锁店，并正为下一家新店选址。2009年年底，坎贝拉商场的现金积蓄超过5亿美元，长期债务也减少了。最终，我以14.92美元的价格抛售了该股票，不到一年时间，我赚取了200%的利润。

现在，我真希望自己没有卖掉这只股票。猎人仍然要打猎、钓鱼爱好者依然在钓鱼，坎贝拉商场的股价已经涨到25美元左右了。

每隔几年，经济就会出现萧条或放缓，这是无法避免的现象。这通常也是以划算的价格购买成长股的好时机，尤其买入那些消费者忠诚度更高的成长股的好时机。那些创造让人着迷的生活方式的公司的股票，为个人投资赚钱提供了好机会，因为华尔街对这类公司的态度常常摇摆不定。

虽说这类公司的股票不太可能被卖出，但如果你掌握了很多候选者，一旦有机会就可以下手了。列候选清单实际上是观察人们娱乐的方式，比如打猎、钓鱼、划船等。我有些朋友即便是暴风雨的天气也要打高尔夫，不吃午餐也要买1号木杆和款式特别的推杆。哈雷摩托的狂热爱好者是不是三句话不离摩托车？候选清单需要定时更新，每隔几个月你就要查看一次这些公司的股价，当华尔街放弃这些股票时，你就可以低价买入。

冰箱里的成长股

寻找待发现的成长股，通常需要使用有别于华尔街的思维模式。当整个华尔街都在搜寻最新、最热门的公司时，我们应该搜寻那些看上去不起眼，实际上能创造收益增长的公司，比如都乐食品公司（Dole Food，股票代码：DOLE）。都乐食品公司历史悠久，创建于1891 年，以菠萝类产品闻名。

多年以来，都乐食品曾从属于多家企业。2003 年，大卫 · 默多克（David Murdoch）买下都乐食品。在他的领导下，公司不断扩大蔬果生产线。2009 年，默多克先生带领都乐食品上市，每股价格为12.50 美元。

当时，没有人在意这只股票。股市仍然在努力应对经济衰退和次贷危机。成长型投资者对苹果公司和直觉外科公司（Intuitive Surgical，股票代码：ISRG）感兴趣得多，这些公司拥有令人兴奋的产品，股价一般在几百美元左右。很快，都乐食品成长为全球最大的蔬果生产商与分销商，只是在投资者眼中，蔬果不太可能让人兴奋。于是，都乐食品的股价疲软，并在 2010 年早期跌至 10 美元以下，正是这个时候，我注意到这只股票。

对这家公司，我有与华尔街不同的看法。在我看来，未来几年对健康食品的需求将增加，美国现任第一夫人米歇尔 · 奥巴马公开宣称，只要她做一天白宫的女主人，控制儿童肥胖就是她的一项重要工作。她的宣言必将引起大家对饮食健康的关注，带动市场对新鲜蔬果的需求，而这一切都将于都乐食品有利。在这股即将掀起的健康饮食热潮的推动下，原本就广受孩童喜爱的冷冻零食和果汁，必将迎来强势的销量增长。在世界上其他地区，对食品有高品质需求的中产阶级开始出现，新兴市场也将有益于都乐食品的发展。

面对两大显著趋势，投资者最终不得不承认都乐食品的潜力。其股价逐渐攀升，最终超过了首次公开募股时的价格。从这只股票进入我的低价成长股扫描雷达里算起，都我写下这些内容的此时此刻，不到一年时间，都乐食品的股价就上升了 50%。

对大多数投资成长股的投资者而言，更快、更高、更强就是咒语。他们寻找最新的风尚和最让人兴奋的产品。事实是，成长最快的公司通常能在橱柜和冰箱里找到。日常能见到的那些不那么让人兴奋的产品反而能创造成长奇迹。这些公司的股票跌至个位数之时，就是重大机遇出现之日。

内幕知情人教你买进超级股

现在，相信你已能在日常生活中发现待发现的成长股了，但我还想再和你分享一种更为教科书式的寻找这类股票的方法。

重申一遍，我建议你使用免费的网络式股票筛选软件，至于具体用哪一种，则没有太严格要求。你可以选一种你认为操作方便的软件，也可以在不同的筛选软件输入相同的筛选条件进行筛选。目前为止，无论哪种股票筛选软件的数据库都不齐全，都没有涵盖所有股票。虽然得到的大部分结果互相重复，但偶尔也能看到其他筛选软件中未显示的股票名称。

我们先从搜索稳定增长的低价股开始，并且是持续增长了 5 年的股票。我首先提醒的是，持续增长 5 年的股票数量不会很多，符合这些特点的公司通常已经被华尔街发现并且在短期内就被转变为高价股的知名股。然而，长期坚持，哪怕一段时间内只有一次赶在华尔街之前找到一只这样的股票。长此以往，你的资产净值也会出现巨大改变。

搜索过去 5 年年收入和年盈利增长达 15% 以上的公司，另外，它要现金不多但在资产损益表上表现得还不错。传奇投资大师本杰明 · 格雷厄姆曾经把投资门槛设置为资产与负债比例为 2 ： 1 的公司，我认为这个门槛相当合理。将资产负债率控制在 30% 以下，也就是说欲投资公司的资产结构应该是资产与债务的比值是 7 ： 3。既然我们的重点在于寻找低价股，那就要将股价设置在 10 美元以下。

低价股名单不会太长，公司规模也不会太大。实际上，如果你只搜寻美国市场上的股票，国内主要证券交易所只有 51 只股票的价格低于 10 美元。其中，最大公司的市值为 7.5 亿美元，最小的只有 3 000 万美元。有意思的公司很多，花时间审查你的候选清单，继续寻找真正的成长股。除了股价低外，我们搜寻的公司提供的最好是非常有市场潜力的产品，例如替代能源、智能手机、社交网络、通讯设备或其他未来几年会持续增长的产品或服务。虽然我们希望这类公司没有被华尔街发现，但并不希望它们不为人知。有些机构也发现了它的价值是好事，因为如果完全没有人知道这只股票的话，后期掀起推高股价狂潮的可能性就比较低。**在这类规模不大、稳定增长的公司里，一定比例的内部人持股也是好消息。**如果其创始人或管理者大量持有自家股票，例如10%甚至以上，他们一定会努力工作推高股价，因为他们的利益与股东的利益相一致，大家都坐在同一条船上。

下一步要筛选暴涨型低价股。这些有潜力的股票，一直以来都在创造收入和利润，并即将受到华尔街的关注而开始暴涨。暴涨型低价股通常指两类公司，第一类公司之前的收入和销售额受经济周期影响有所下降。如今，经济周期进入利好时期，因为它们蓄势待发。第二类公司是那种发明出了让世界为之震惊的产品或服务的公司，这类公司的股价注定要暴涨。

The Little BOOK of Big Profits from Small Stocks

知情者可能因为不同的理由卖出自家公司股票，但他们买入自家公司股票的理由只有一个——赚钱。根据林奇先生的观察，内部人士购买自家公司的股票，说明它被低估了，最终会走上涨升通道。在麦哲伦基金管理公司的总部，有一个常设部门，专门收集内部人士购买自家股票的信息，并进一步调研与查证。

因为目标是股价会暴涨的股票，所以我们一开始就会把盈利目标设得很高，比如盈利增长（Earnings Growth）达100%以上的公司。通常，盈利增长会带动利润率的上升，因此收入增长（Revenue Growth）并不能成为筛选的标准。重申一遍，不要找负债累累的公司，但是我们确实可以把标准放宽一点，将债务比例控制在50%以内。正如我们前面强调过的那样，暴涨型股票的价格仍然要在10

美元以下。经济低潮时，如 2003 年和 2009 年，你的候选清单要每月更新一次，这有助于让你意识到，股市低迷实际上是买入的好时机，而不要忙着垂头丧气。

现在，我们已经学会如何将暴涨型低价股收集到一张清单上了，而且这才到第 4 章！后面的章节中我还有很多类低价股投资方式与你分享，我们继续吧。

暴涨股总结

寻找待发现的成长股

待发现的成长股通常指那些从事业务不起眼，但一直实现盈利增长的公司。为我们提供日常生活用品的公司通常盈利增长很快。

请使用免费的网络股票筛选软件搜索稳定增长的低价股，筛选标准是过去 5 年的收入增长率和回报率达 15% 以上的公司，资产负债率低于 30%，股价不能超过 10 美元。另外，内部人士持股也是好事，最好持股达到 10% 或以上。

寻找暴涨型低价股时，要搜索年盈利增长达 100% 以上的公司，将债务比例控制在 50% 以内，股价不得超过 10 美元。

第 5 章

分清良莠

在减价处理区购买股票

ping the bagain bin . shopping the bagain bin . shopping the bagain bin . shoppin

人们的贪婪是无法阻挡的，就像我们幻想着不承担任何风险就想一夜暴富一样，这种念头永远像幽灵一样挥之不去。

——肯·费雪

畅销书《暴利不会忘记，但你却忘记了》作者

本章导读

搜索减价处理的股票是一件非常艰辛的工作。通常情况下，它们会被各类媒体雪藏，在鸡尾酒会上也不会有人提及。不过，这些股票之所以便宜，恰恰就是因为它们不被关注，不受欢迎，没有人爱，或它们自身经营出现问题导致股价如此低廉。

大多数时候，它们都是一些小公司或不知名的公司，需要投资者进行掘地三尺的调研过程，才能发现它们的后院到底深埋着多少钻石。

我们查看低价股清单时，应比较各家公司的资产，仔细区分资产与负债。关键问题是：这些资产能否在某个时间点转变成利润？

到购物小院或车库售物店闲逛时，你有没有看到过价格比价值便宜得多的东西？拉里·麦克默蒂在《卡迪拉克·杰克》（*Cadillac Jack*）一书专门描写了投机商人在全国各地搜寻物美价廉物品的故事。我有一位朋友，不久前在一间二手书店里以 1 美元的价格买到一本绝版书。回家之后，他转手就把这本书卖了 1 000 美元。

每个人都喜欢购买物超所值的东西，然后从中大赚一笔。购买价格低于资产净值的公司的低价股也属于这种盈利方式。我们把这种投资方法称为“买入减价处理的股票”。

账面价值：始终要揭开的面纱

写作本书时，我并不打算使用大量金融专业术语，但账面价值是一个你必须知道的术语。账面价值就是一家公司的资产净值。把资产负债表的资产项加总后，减去负债项加总，得到的就是资产净值。计算账面价值有点类似为了抵押贷款做一份资产净值报告。用资产净值除以流通股数量，就得到每股的账面价值。寻找被减价处理的股票，你必须掌握一些专业术语。如果缺乏一个可供比较的数据，我们很难判断买进一只股票是否划算。我们需要做比较的数据就是账面价值。

我通常会调整一家公司的账面价值。这样，我就能对这家公司的经营情况有一个清晰认识。商誉等无形资产不应计算在内。特定类型的公司资产损益表上明显也把商誉视为无形资产。**随着时间的推移，无形资产既可能升值，也可能贬值，但我只关注以折扣价出售的资产，也就是有形资产的账面价值。**然后用资产价值除以流通股数量，就得到每股有形资产的账面价值。

The Little BOOK of Big Profits from Small Stocks

检查公司财报，如果发现公司的基本面恶化，就应该马上卖出它的股票。令人不可思议的是，在A股市场，许多基本面已经烂到骨头里的公司，仅是抛出一个重组的消息，就会引来散户围观，股价也会随之飙涨，涨幅甚至达数倍。散户估计没有想到，如果重组失败呢？所以我们还是要听从大师的教导。

被减价处理的股票以低于账面价值的价格出售的原因有很多。公司的发展可能出现了放缓的情况，华尔街因此抛弃了这只股票。也可能整个行业都不景气。20 世纪 80 年代，电力股完全不受欢迎。核电站的运营成本超过盈利、监管环境苛刻，所以同类型的股票都在以低于账面价值的价格出售。20 世纪 90 年代初，储贷危机使几乎所有小银行发行的股票都以远低于账面价值的价格出售。有时候因为股票的数量太少，分析师难以对其进行跟踪，所以尽管资产增长了，但股价仍然在低位徘徊。我们的工作是找出这些资产是否能转变成高股价或者是否有可能在近期通过收购或资产重组的方式变成现金。

钻石可能埋在你家后院

说到被减价处理且完全被误解的股票，最佳案例来自炼油行业。2008 年,北美最大的石油冶炼商特索罗石油公司（Tesoro,股票代码：TSO）的股价跌至远低于账面价值的价位。股价跌至个位数，其经营状况，往好了说，也相当糟糕。经济放缓时，炼油行业的股票总是深受影响。对汽油产品的需求锐减，因而整个行业的利润也随之锐减。公司的经营利润率从 8% 降至 3%，净利润率从 4% 降至 1%。简而言之，经济疲软时，炼油业的日子不好过。

然而，我认真研究了特索罗石油公司，发现它拥有大量资产。特索罗石油公司在美国拥有 7 间炼油厂，879 家零售加油站，在全美拥有 900 英里石油管道。然而，在我看来，最值钱的是炼油厂。炼油厂在美国属于难以取代的资产。虽然如此，炼油业在人们心目中的形象也不太光鲜,多数人认为这个行业缺乏吸引力。所有人“不要在我家后院钻油井”的态度,加上复杂的监管环境,自 1977 年以来，还没有出现过能完成复杂运作的新炼油厂。我认为近期也不会出现。全美境内大大小小的炼油公司有 150 家左右，像特索罗石油公司这样拥有好几条生产线的大公司是不可取代的，他们的地位比表面上看起来要有价值得多。

特索罗石油公司在账面上的资产在我看来相当值钱。虽然它的经营状况不好，但资产值很多钱。它的股票以8美元左右的价格交易，但它有形资产的账面价值却是每股23美元左右。资产价值已经被市场打了65折。这还只是资产的折扣价。因为炼油厂是难以取代的资产，因此特索罗石油公司的实际价值更高。

对特索罗石油公司进行深入研究后，我发现股价是根据既定模式来的。2003年，我研究另外一个炼油业巨头瓦莱罗能源公司（Valero Corporation）时就意识到炼油行业存在这样的既定价格模式。经济正竭力从网络经济泡沫破灭以及财富蒸发的恶果中恢复过来，瓦莱罗能源公司的股价跌至9.50美元。在联邦政府刺激下，经济开始复苏，不到两年时间，瓦莱罗能源公司的股价升到了30美元。4年后，经济持续繁荣，该公司的股价涨到了70美元左右。而它当时拥有的资产的法定价格为12美元左右。经济疲软时，炼油企业的股价会因为利润率锐减、利润萎缩而锐减。市场萎缩最严重时，公司可能会陷入亏损状态。股票会以远低于账面价值的价格交易，注重季度收益表现的投资组合经理就会抛售这只股票。少数研究这只股票的分析师也会建议个人投资者卖掉手里的股份。一旦经济复苏，利润率和利润开始上升，股价也会出现飙升。瓦莱罗能源公司的股价位于8美元左右时，我开始买入这只股票。

股价后来果然像以往无数次那样，瓦莱罗能源公司的股价重回高位。随着经济形势好转，炼油业的业务增多，投资者开始重新青睐这个行业。接下来的两年里，这只股票的价格翻了 3 倍多。炼油业的股票总是会先跌至个位数、处于远低于资产价值的低价位，然后随着经济周期波动。很快波动模式会被投资者发现并利用，最终炼油业的股票会被视为具有暴涨潜力的股票。

他人的钱也能帮助你赚钱

投资银行、基金公司或证券经纪公司的资产管理人也能提供购买低价股以及以低于资产价值的价格购买股票的机会。每次进入熊市，投资者就会抛售股票，抛售压力进一步吞噬投资者的理智，让他们失去理性衡量公司资产以及未来盈利可能的能力。2003 年，网络泡沫破灭后，像骏利资产管理集团（Janus Group，股票代码：JNS）这样红极一时的股票以低于资产价值的价格抛售。市场恢复正常后，JNS 在一年内从低于 10 美元的价格翻了两倍。

实际上，我今天查看自己的投资组合时，还看到了一只以远低于公司资产价值的价格在交易的股票。柯文公司（股票代码：COWN）是一家给医疗保健、科技、替代能源等行业提供服务的投资银行。他们还为 1 000 多家客户提供研究、销售和交易服务。

除了是一家投资银行和证券经纪公司外，柯文公司还是一家为高净值投资者以及机构投资者提供对冲基金和组合基金等另类资产的领军企业。2009 年，柯文公司完成了与对冲基金管理公司 Ramius 的合并，显著地提升了自己在金融服务领域创造高利润的可能性。

2010 年 6 月，我开始研究这家公司，我发现其股票正以资产净值即有形资产的账面价值的 7% 交易。投资者显然没有意识到柯文公司为他们提供的机会。2008 年年底，对冲基金迅速撤资，投资者开始将大量资金投入另类资产。对冲基金管理公司 Ramius 的声誉极好，一直以来的经营业绩也很好，所以很快开始重新赚钱。

柯文公司的另类资产管理并不是其唯一能提供暴涨机会的业务。在不久的将来，柯文公司合并与收购的业务必将出现迅猛增长。公司现金充足，经济放缓时最佳的增长方式是购买新资产、增加现金流。柯文公司与将出现大规模并购的科技、国防、航空航天等行业合作紧密，这方面的业务量注定暴涨。公司高层包括希尔森公司前 CEO 彼得・科恩，他以促成并购而闻名。这进一步确立了柯文公司在投资银行业内的优势地位。

我看好柯文公司的合并业务还有另外一个方面的考量。柯文公司拥有世界级管理层、强大的研究部门以及最顶级的对冲基金，我认为它会成为其他公司的收购目标。也就是说柯文公司的账面价值与其拥有的优势和资产之间出现了大幅溢价，而我当初买入这只股票的价格只占其账面价值的很小比例。我写这段文字时，上述情况仍未改变，我仍持有该公司的股票。

探寻远离鸡尾酒会的个股

搜索被减价处理的股票是一个非常艰辛的工作。例如待发现的成长股，通常媒体上并不会报道这类股票，鸡尾酒会上也不会有人提及。这些股票之所以便宜就是因为它们不受欢迎，没有人爱，或者公司的经营出现了问题导致股价如此低。大多数时候，它们都是一些小公司，需要进行深度挖掘才能发现。

早期的时候，巴菲特主张"用40美分购买1美元的股票"。他认为内在价值是一个非常重要的概念，他的定义是可以从企业未来营运中拿回来的折扣现金价值。在价值投资者看来，一只股票的市价等于资产净值的一成，就胜过另一只股票的市价等于资产净值的两成。只有市价等于资产净值的一两成时，才值得购买。此时，市盈率仅有两三倍。

再说一遍，我们的第一个工具是股票筛选软件。你需要搜寻以低于账面价值出售的股票。这一点应该是首要的搜索条件。搜索价格与账面价值的比值小于 1 的股票。我们还需要将各项债务归到一起，因为对于投资者而言，负债累累的公司缺乏投资价值。想象一下将一栋价值 30 万美元的房子做抵押，借款 50 万美元的情况。房子确实值钱，但是资不抵债，因为债务大于房产价值，房子实际上已经归银行所有，而且房主还欠银行的钱。企业拥有多少资产也是一样的道理。所以我们把企业的资产与负债比例设为 2 ∶ 1，将债务控制在产权比率的 30% 以下。为了利用低价股的暴涨潜力，我们仍然将股价设置在 10 美元以下，放心大胆地将 10 美元作为最高买入价吧。

公司生产的产品滞销，不得不以低价抛售时，公司的资产也会贬值。因此，我将筛选条件设置为盈利公司。实现这一目标的简单做法是将搜索条件设为价格与收益比大于 1。如果一家公司正在亏损，市盈率为负值，这个搜索条件就能将其剔除。

我们查看低价股清单时，应比较各家公司的资产，仔细区分资产与负债。关键问题是：这些资产能否在某个时间点转变成利润？如果资产是现金或产品库存，答案极可能是肯定的。这样出售产品的利润将归还股东，也可能竞争对手或私募股权投资人意识到公司的价值，决定溢价购买公司。资产项里是否有如商业地产、酒店或公寓一类的房产项？如果有，这些房产也可以在将来以高价出售。

收益的多寡要看近期市场的活跃程度。股市繁荣时，低价股当中资产充裕的公司不多，股市萧条时，这类公司就更少。再说一遍，这种思维模式有助于我们正确认识股市的波动，意识到股市下挫只是滞销引起的，为我们提供了发现具有暴涨潜力的低价股的机会。

暴涨股总结

寻找被减价处理的股票

被减价处理的股票是指股价低于资产价格的股票。购买这种类型的股票类似与购买物超所值的物品。

了解账面价值。如果缺乏可供比较的数据，我们很难判断买进一只股票是否划算。账面价值不过就是一家公司的资产净值。资产负债表里的资产项加总后，减去负债项加总，得到的就是资产净值。计算账面价值类似于为了抵押贷款做一份资产净值报告。用资产价值除以流通股数量，就得到每股的有形资产账面价值。

用股票搜索软件搜索价格与账面价值的比值小于 1，债务在产权比率的 30% 以下，每股价格低于 10 美元的股票。为了寻找盈利的公司，市盈率应设置为 1 以上。

第 6 章

药箱里的“大元宝”

避开雷达的生物医药股

g the world healthy and wealthy getting the world healthy and wealthy getting the

制药行业是一个缺乏内在稳定机制的市场，随时都会出现意料之外的起伏和波动，而且，在这个市场的绝大部分领域，一个企业的新发明很可能会危及另一个农业的市场。

——菲利普 ·A. 费雪

超级畅销书《怎样选择成长股》《费雪论成长股获利》作者

本章导读

20世纪60年代，成长股之父老费雪在他的大作《费雪论成长股获利》中专门开辟一个章节论述如何寻找医药行业的成长股。时过境迁，全世界的人口和财富翻升数倍，但人类对健康的追求与投入有过之而无不及。

50年过去了，这个行业到底发生了哪些变化呢？默克、礼来等巨头依然兴盛，更多的小型公司以火箭的速度飙升，机会也许就潜藏其间。随着A股市场逐步开放，东阿阿胶、片仔癀、云南白药等中药股能否成为全世界的宠儿？

一种新药或一种新技术就能让一个公司从默默无闻的无名小卒一夜爆红，成为家喻户晓的明星，飙升后的股价也将超越你的想象。

我们在前几个章节介绍了几类低价股：“坠入凡间的天使股”、待发现的成长股以及被减价处理的股票。无论在哪个行业，无论在哪个类别，我们都能找到这类股票。当我开始着手写这本书时，我就计划用一个章节介绍生物科技和医药行业。因为这个行业里有很多低价股可选，我认为在未来几年里，这种趋势都将持续。

这个行业这么炙手可热有以下几个主要原因。最显著的原因是科技进步。似乎每周都会推出新药物、新治疗方法或新设备。不仅生物技术有了长足发展，机械外科手术、癌症化疗方案以及延长寿命的项目全都有进展。越来越多的创新来自于股价较低的小型医药公司。

这个行业兴盛的另外一个原因，说起来不禁让人唏嘘，那就是“不幸越来越多”，且对这个行业的需求越来越急迫，越来越多。就这个话题，我可以滔滔不绝地长篇大论一番。但考虑到篇幅，我打算只讲一讲世界上死亡率最高的疾病之一：癌症。癌症患者的统计数量正不断攀升。根据美国癌症学会统计，2010 年，近 160 万美国人被诊断患有癌症，57 万人死于癌症。M.D. 安德森癌症中心预计美国每年新增癌症患者的增长率将是 45%。到 2030 年，癌症患者的数量将达到 230 万人。“婴儿潮”一代人超过 65 岁以后，会有很多老年人患上癌症。到 2030 年，仅老年癌症患者的数量就有可能与目前癌症患者的总数持平。这个数字将大得让人瞠目结舌。

医药行业在A股市场占比也名列前茅。一方面，民众的生活水平不断提升，各种宝贵病不请自来；另一方面，不计后果的经济发展带来严重的环境灾难，也导致许多癌症高发，甚至成片爆发。我们目前的医疗水平还远未达到发达国家的水平。因此，医药行业必将成为一个长期繁荣发展的行业，暴涨黑马个股可期。

美国不是唯一面临癌症风险的国家。根据世界卫生组织进行了一项针对癌症的项目研究，全球肿瘤流行病统计数据专门统计癌症的发生率和死亡率。2008 年，全球新增癌症患者数量达 1 270 万。世界卫生组织之前曾预测，2020 年，癌症患者数量将达到 2 000 万，也就是说在不到 12 年的时间，癌症患者就增长了 57%。

治愈这些患者需要将一大笔额外的资金投入到癌症研究上。美国国家健康研究院下属研究机构美国国立癌症研究所的一份研究表明：2010 − 2020 年，用于治愈癌症的费用至少需要增长 27%，从 1 276 亿美元增至 1 580 亿美元。好消息是这些治疗经费被投资于能制止癌症扩散的创新公司。

这也是医药行业中结构精简、股价低廉的公司开始变得越来越重要的原因。药品生产巨头乐于与这些规模不大的公司合作开发新药，作为对自身研究工作的一种补充。

值得一提的是，此时此刻，大型医药公司正处于发展的岔路口上。几年内，很多像强生、辉瑞、礼来制药等大公司的主要药品专利权就要过期了。也就是说，这几家医药巨头都在迫切寻找能投入生产的新药。问题是研发新药需要时间，时间这么紧迫的情况下，这些大型医药公司根本没有足够时间独立完成新药的研发工作。这也是 2011 年并购成为医药行业主旋律的原因。40% 以上的并购来自医药行业，涉及金额高达 400 亿美元。即便大型医药公司缺乏时间和资源搞研究，但是他们别无选择。

大型医药公司除了忙于并购外，还积极地与行业内的小公司合作。这样的合作能为这些规模不大的公司带来上千万美元的现金。最近蓝筹股默克药业（Merck，股票代码：MRK）与 Ariad 制药（股票代码：ARIA）之间的合作就是一个著名的案例。

从新闻中嗅探医药股

2011 年，我开始以每股 8 美元左右的价格买进一家规模不大的生物科技公司的股票：Ariad 制药。Ariad 制药是一家新兴生物制药公司，拥有 3 种有潜力改变市场趋势的抗癌药物，其中有 2 种目前仍处于临床试验阶段，还有 1 种将于 2011 年年底开始接受临床试验。

很多研究人员认为了解细胞信号传导作用，有助于在理解癌症和抗癌上取得突破。人类细胞，无论健康与否，使用的是同一个精密的分子路径系统，利用该系统将细胞信号从细胞表面传送到细胞核及细胞内。这样的信号沟通对于细胞正常生长发育而言，非常必要。干扰或过度刺激这些路径有可能触发癌症。

Ariad 制药发明的 2 种待上市药物中，Ridaforolimus（我个人觉得应该换个好听点的药名）可能成为最早面世的药物。Ariad 制药与默克药业共同研发了这款新药。除了提前支付给 Ariad 制药的 750 万美元，Ridaforolimus 进入第 2 阶段和第 3 阶段的临床试验后，默克药业还将另外支付 535 万美元。此外，默克药业还要承担 Ridaforolimus 一半的研发、生产以及推广成本。

2010 年，双方修改了交易条件，默克药业拥有独家研发、生产以及推广 Ridaforolimus 的权力。目前，默克药业一力承担所有研发、生产和推广成本，Ariad 制药预先获得了 5 000 万美元，2010 年 1 月至 4 月，它还将收到 1 900 万美元报酬。销售达到一定量（5.14 亿美元）后，Ariad 制药有权享受销售分成。

临床试验结果表明 Ridaforolimus 的药效显著。Ridaforolimus 即将通过审核时，投资者开始对这家公司的股票感兴趣了。在我买入后几周内，Ariad 制药的股价就突破了 10 美元大关。我认为，现在临床试验结果公布后，该公司的股价还要上涨。共同研发新药是开创性研究的新模式。利用新闻搜索引擎，追踪大型医药公司的新闻，你就能领先他人了解正在研发，有潜力一鸣惊人的新药的小公司。

与大型药品公司合作能让一些股价个位数的股票大涨。通过与法国药业巨头赛诺菲（Sanofi-aventis）合作，Regeneron 制药（股票代码：RGEN）拥有了研发抗癌药物和自动免疫系统的药物的机会，其股价在之后 5 年多的时间里从 6 美元以下涨到 60 美元以上。美国 Incyte 制药公司与瑞士诺华制药有限公司（Novartis）的合作也让 Incyte 制药的股价在 3 年内从 2 美元上涨到 20 美元以上。

小型生物科技公司推动并缩短研究进程的方法有很多，而大型稳定的公司则完全没有办法。大型公司不愿意将时间、精力、金钱投入到未得到论证的药物和技术上，他们宁愿为新兴公司提供研究所需的资金和协助。相应地，大型公司可以在成本较低的情况下获得有潜力的突破性药物。这种合作有益于大型公司，有益于小型公司的投资者，通常也有益于患者。研究人员和生物技术公司继续为人类寻找治疗方案，细心的投资者会发现，有暴涨潜力的低价股会越来越多。

与高发病情有关的个股

低价股并不仅限于医药股。在医疗设备与外科技术领域，积极创新的公司也有可能实现突破性进展，比如发明出新的冠状动脉支架植入术及医疗产品，机械手术设备，骨头和关节置换产品以及很多其他提高人类健康状况、对抗衰老的产品和设备。

我最近偶然发现了一家具备一鸣惊人潜力的医药科技公司。TranS1 公司（股票代码：TSON）发明了一种新的背部手术操作法，它不仅对患者有益，还能降低保险公司的开销。这项技术涉及背部融合手术，专门治疗椎间盘退变性疾病。患上椎间盘退变性疾病非常令人痛苦，因为脊椎股间的椎间盘出现了病变，影响了两节脊椎骨的活动。手术过程中，病变的椎间盘将被移除，替换成移植骨，这样两片椎间盘就可以重新融合在一起了。

在此技术出现之前，外科医生和病人只有两种选择：后路腰椎椎间融合手术和颈椎前路融合手术。前者需要外科医生在患者后背切开一条大口子以给脊椎做手术，后者则需要从前胸抵达脊椎。颈椎前路融合手术会移除更多脊椎间隙，融合效果也比后路腰椎椎间融合手术好，但是必须将患者前胸大面积切开，并移开各个脏器才能对脊椎进行手术。两种治疗方法都需要大面积侵入患者体内，术后需要的恢复时间也很长。

在美国，每年有 25 万人患上椎间盘退变性疾病，手术费用通常非常昂贵，至少也要 5 万美元，有时高达 10 万美元，计算下来这可是一笔大买卖。保险公司希望通过缩短恢复期来降低手术成本，TranS1 公司发明的 AxiaLIF 技术恰好满足了这一需求。利用 AxiaLIF 技术，医生只需要在患者前胸开一个 1 英寸的切口，不需要移开脏器也能进行手术，但要完成这样一台手术需要使用很多 TranS1 公司生产且拥有专利权的专业医疗设备。保险公司和患者认识到这种廉价的外科手术后，公司股价不到 1 年时间上涨就超过了 70%！

“偷窃”别人的股票池

在医药和医疗技术领域搜罗暴涨型低价股的关键在于，留意那些选择了正确搭档且具有积极进取、创新思想的公司。搭档既可以是投资于小型生物科技公司的大型医药公司，也可以是与制造商合作控制成本、提高效益的保险公司。无论从哪种类型的公司着手，投资者都有机会获得高额利润，提早实现他们的盈利目标。

在全球范围搜寻股价有潜力暴涨的医疗保健、药物、生物科技公司的股票需要花费一些功夫。筛选软件偶尔能提供一些备选项，但是投资前还有很多深挖工作要做。然而，一旦这些公司发布突破性发明的消息，公司的股价就会快速飙升。还记得丹德里昂公司的股价从 4 美元以下上涨到 20 美元只用了多长的时间吗？总之，在这个领域，你需要花更多工夫才能找到那些潜心做研究的公司。

www.fda.com 网站提供了很多最新通过的药物以及制造商的信息，浏览它可以获让你取不少研究进展方面的消息。这个网站还追踪供应不足的药品、有可能增加产量或提高药价的制造商以及药品审批的相关信息和报告。如果你致力于投资医药领域，长期来看，了解新药的审批过程将非常有用。

投资医药领域，你可能还需要“偷窃”别人的想法。为了持续发现暴涨型低价股，我花了几年的时间才掌握相关领域的知识和人脉，而生物科技领域花费的时间精力更多。有不少擅长投资医疗和生物科技领域的顶级共同基金经理，搜索他们的投资组合，你可以获得不少备选股。这些基金经理必须向美国证券交易委员会上报投资组合，在很多金融网站上都可以看到他们选择的股票。

一种新药或一种新技术就能让一个公司从默默无闻的无名小卒一夜爆红，成为家喻户晓的明星，飙升后的股价也将超越你的想象。

暴涨型低价股往往出现在那些股价处于个位数、正从事前景良好的研究且与大型药品公司合作的小型公司中。

暴涨股总结

寻找生物科技与医疗保健股

生物科技与医药行业隐藏着很多暴涨型低价股。

小型生物科技公司能用很多方式推动并缩短研究进程，而大型稳定的公司则完全没有办法。大型公司不愿意将时间、精力和金钱投入到未得到论证的药物和技术上，他们宁愿为新兴公司提供研究资金和协助。这种合作不仅有益于大型公司、小型公司的投资者，通常也有益于患者。

www.fda.com 网站提供了很多最新通过的药物以及制造商的信息。这个网站还追踪供应不足的药品、有可能增加产量或提高药价的制造商以及药品审批的相关信息和报告。

不少顶级共同基金经理都擅长投资医疗和生物科技领域，通过搜索他们的投资组合，你可以获得不少备选股。这些基金经理必须向美国证券交易委员会上报投资组合，在很多金融网站上都可以看到他们选择的股票。

与药剂师、医生以及医疗保健师聊一聊医疗领域新推出的药物和发明。查看一下自己的药箱，了解一下你和家人正在使用的是哪家公司生产的药品。用这种方式能找到不少医药领域的巨头。

第 7 章

笑傲新兴市场

全球化投资时代悄然来临

把你的赌注分别下到美国股票、外国股票、债券和现金上。

——贾森·茨威格

《格雷厄姆的理性投资学》作者

本章导读

处于经济高速增长阶段的国家在基础建设方面的开销非常巨大。市场对建造公路、高速路、桥梁的建材，建筑公司、水电输送、供暖与制冷服务、通讯技术有着旺盛需求。

中国牵头组建亚洲基础设施开发银行为新兴国家带来数万亿美元资金，“一带一路”的战略规划为它们带来更多物资，这其间都潜藏着哪些被忽略的低价股？

新兴市场的发展会经历曲折，但从历史来看，一旦一个国家步入工业化消费轨道，其发展进程将不可逆。

我们不应将暴涨型低价股的搜索范围限制在美国境内。因为目前来自于其他国家的公司在美国的经营活动达到了前所未有的活跃程度。在美国境外，这些公司也直接与美国竞争。幸运的是，世界变小了，国际市场的行为模式开始变得和美国一样。国际股市不再像过去那样让人难以琢磨，交易方式更加简化，会计规则也不像过去那样含糊不清。

境外股票的交易方式也开始类似美国股票。也就是说，国际上的股票同样会因为经济周期的变化出现“坠入凡间的天使股”以及暴涨型低价股。世界范围内，有能力制造创新产品的新公司将不断涌现，但在相当长一段时间内，这些新公司仍然不会受到华尔街的注意。在如今这个动态的、相互连接的市场，我们可以在全球范围内寻找暴涨型低价股。

美国投资者拥有的真正优势在于，很多这类公司都在美国股市上市了。境外公司可以以美国证券存托凭证的方式在美国交易所上市。持有证券存托凭证的受托银行，可持有境外公司的股票，然后向投资者出售新证券。因此，买卖日本最大的银行三菱日联银行（Mitsubishi UFJ）的股票就跟买卖花旗银行的股票一样方便。

耀眼的增长速度

发展中国家能提供大量低价股。美国是极度发达国家，很难在不引起高通胀的情况下实现经济高速增长。另一方面，中国和印度等国家正在迅速发展，高薪工作的出现造就了一大批中产阶级。

The Little BOOK of Big Profits from Small Stocks

中国A股市场越来越开放，相信国内的投资者在不远的将来就可以进行全球化投资。随着中国发起的“一带一路”深入推进，我们不但可以关注国内的相关个股，也可以到对方的国度进行投资掘金，尤其是巴西、印度等新兴国家的市场。

在很多方面，新兴经济体都与21世纪初的美国相似。当时，新行业创造了新的就业机会，大量农村人口涌入城市，汽车开始代替马车，家家户户都用上了收音机和电视。投资从事基础建设的公司，如钢铁公司和铁路运输公司是不错的选择。将资金投入到服务于日益增长的能源需求的电力和能源公司也错不了。西尔斯、罗巴克等零售公司和新型艺术销售网站Company这类公司发展早期就进行投资，将来也能获得不错的投资回报。

如今，全球都面临着类似的发展趋势，世界各地都在使用智能手机、便携式交流工具及娱乐设备，中国、巴西以及印度等新经济体的市场需求更是旺盛。新兴市场国家暴增的人口就是基础设施建设的需求基础，正是因为拥有这样的需求，这些国家的经济才能保持耀眼的增长速度。

美国人眼中的广深铁路

如果要举例子说明将搜索低价股的范围扩大到全球范围能够创造超额利润的话，就不得不谈一谈我从 2001 年就开始购买的一只中国的铁路运输股。我坚信未来几十年中，中国将一直是经济增长最快的国家之一。中国的人口仍在增长，中国的经济也一样。中国正从农耕型经济社会转型为拥有高科技的工业社会。中国在全国范围内对于物资和服务运输的需求都相当紧迫。

中国最大的上市铁路运输公司广深铁路股份有限公司，似乎是投资运输需求的最佳选择。这家公司也掌握着唯一往返于中国大陆和中国香港的铁路，其铁路网分布广泛，能为各地的旅客和货运提供便捷的运输服务。早在 2001 年，我就清楚地认识到这家公司在市场上占据了绝对优势，个人出行业务和货运业务将随着中国经济的腾飞迅猛发展。

相比货运业务，个人出行才是重头戏。虽然货运量也有所增长，但是它只占总收益的 10%。个人出行成为重头戏的原因在于，铁路运输第一次让如此多的中国人能够便捷地到全国其他地区看望亲友和家人。随着中产阶级的逐步壮大，广深铁路公司必能从中获益。

美国从农业经济体向工业经济体转型时，铁路运输股成为众人瞩目的成长股，中国目前显然也正在经历这个阶段。

The Little BOOK of Big Profits from Small Stocks

中产阶级爆发式增长阶段，人们的衣、食、住、行成了热门话题。在2015这轮牛市中，铁路运输股表现抢眼，以中国南车和中国北车合并为为契机，掀起了一场狂风骤雨，暴涨数倍，相关产业链上的企业也分得了相当的关注度和资金。作者上文提到的广深铁路，从2.4元左右暴涨到9.38元，涨幅高达2.9倍。

我逐渐增加了对广深铁路公司股票的持有量，因为接下来的几年，投资者依然都没有注意到中产阶级对铁路运输市场的旺盛需求将带来超额回报率。当中国的铁路事业进一步蓬勃发展时，终于引起了投资者的兴趣，广深铁路公司的股票开始得到应有的关注。最终，这只股票的价格强劲上涨，从 2003 年年中到 2005 年年初，18 个月内股价翻了一倍。

新型城镇化：基建行业的万亿盛宴

在新兴市场国家，随着大量农村人口的涌入，城市需要建造大量住宅，以及公路、人行道以及各类建筑，因此市场对提供基础设施和建材的公司需求旺盛。

墨西哥水泥制造商西麦克斯（Cemex，股票代码：CX）就是一个很好的例子。2001 年，我在墨西哥境内四处旅游时留意到该国正处于建设热潮中。起重机随处可见，装载着水泥的卡车和工程车在街上大排长龙。这种现象引起了我的好奇，于是我开始研究拉丁美洲的建筑公司。接着我发现了西麦克斯，这家公司不仅服务于拉丁美洲，还在全球多个发展迅速的国家和地区开展业务。除了墨西哥外，西麦克斯还往美国、欧洲、菲律宾以及中东输出水泥。

我亲眼见识了墨西哥的建设热潮，也有朋友告诉我全拉美和加勒比地区都在经历这种热潮。“9·11”事件后，为了稳定并刺激经济，美国中央银行下调利率，于是美国境内也开始大兴土木，西麦克斯抓住了这个时机。东欧政府在道路桥梁等基础设施建设上投入了不少资金，带动了建筑市场的繁荣，而西麦克斯在东欧市场也拥有强大的竞争优势。西麦克斯的水泥产品在很多重要市场上取得了显著的业绩，但股价却并没有如实地反映其发展潜力。2003年早期，我开始以8美元的价格买入这家公司的股票。3年时间，西麦克斯的股价一路上涨至30美元左右，我最终以每股29美元左右的价格抛售。

有意思的是，2008年全球遭遇经济危机时，西麦克斯的股价再次暴跌。次贷危机导致经济放缓，全球的建筑业也随之放缓，西麦克斯的股价一路跌至个位数，最低时跌到4美元以下。而随着全球经济的复苏，西麦克斯的股价又开始慢慢攀升，只花了一年多一点的时间，就涨到了14美元。

虽然全球经济放缓时建筑股会遭受重创，但是一旦经济形势出现好转迹象，这些股票也是最早且最快反弹的。新兴市场国家的发展会经历曲折，但从历史来看，一旦一个国家步入工业化消费轨道，其发展进程将不可逆。在价格处于低位、股票没有受到追捧时，买入建材和基础建设相关的股票，将为你创造长期高利润。

被网络绑架的通讯行业

能创造高回报的也不仅限于建材和基础建设相关的股票。引发并保持全球经济高速增长的关键要素之一是通讯技术，对于小国家更是如此，因为这些国家与世界其他各国交流信息的需求非常巨大。在人口众多、交通便利的国家，你可以选择搭乘飞机参加会议、达成交易或交换信息。然而，如果你住在新西兰，以上做法通常并不可取。

2001 年，我开始搜索移动通讯服务仍处于发展初期，但本地经济具备巨大增长潜力的发达国家。世界上有些欠发达国家的移动通讯服务确实处于初期发展阶段，但是腐败和欺诈问题非常严重，所以我不予考虑。我在投行工作时负责新西兰的业务，所以经常搭乘飞机往返于这个美丽的国度，这让我对新西兰有了相当的了解。研究结果表明，新西兰的移动通讯服务尚未完善，研究新西兰经济的分析师也说该国经济即将起飞。

开始研究新西兰电信公司（Telecom New Zealand，股票代码：NZT）时，我兴奋不已。这家公司成立于 1987 年，原本是一家国有企业，还兼并过新西兰邮政公司的电话服务部门。1990 年，公司被贝尔大西洋（Bell Atlantic）的子公司并购，并在澳大利亚证券交易所和纽约证券交易所挂牌上市。过去 10 年，新西兰电信公司一直致力于电话线和手机业务的基础设施建设。其在新西兰的主要业务是付费电视，后来提供网络服务。1992 年，公司投资 2 亿美元将本国的光纤连接到澳大利亚。2001 年，我研究这家公司时，他们刚刚开始使用覆盖新西兰 98% 居民区的无线 CDMA 网络。为了在澳大利亚市场获得竞争优势，新西兰电信公司还投资在澳大利亚建设了提供无线 3G 网络服务的公司。

在相当长一段时间内，新西兰电信公司的股价都徘徊在 6 美元左右。但我根本不在意这只股票的价格如何波动，因为它的红利丰厚。大多数年份里，仅分红带来的利润率就高达 6% 以上。随着无线网络用户的增多以及网络覆盖面的扩大，这家公司的股票终于引起了投资者的注意。2004 年，新西兰电信公司的股票开始大涨，股价稳步升高，到 2004 年年底，已经涨到 12 美元以上，比我购买时的价格涨了两倍不止。在我看来，对移动通讯服务的需求必将增长，虽然需要耐心等待一段时间，但是我深信将来这只股票的回报一定非常丰厚。

搜索新西兰电信公司的思路，同样也适用于搜索其他国家的电信股。东南亚地区的情况与新西兰差不多，我认为那些国家的移动通讯行业也将迎来快速增长。菲律宾长途电话公司（Philippine Long Distance，股票代码：PHI）也是在股价位于个位数时，开始涉足移动电话业务。

在我看来，菲律宾的移动电话业务的需求还要增长，因为不少菲律宾人到国外工作并移民，他们渴望与国内的亲友保持联络。过去 10 年中，菲律宾的国际电话服务几乎完全取代了国内陆上服务，PHI 的股价增长了 5 倍！

跟着钱走

评价全球市场和新兴市场时，我首先会考察基本面。处于经济高速增长阶段的国家在基础建设方面的开销会很大。市场对建造公路、高速路、桥梁的建材，建筑公司、水电输送、供暖与制冷服务、通讯技术有着旺盛的需求。大笔资金被用于通讯系统升级。建立并运营这些重要服务项目的公司将繁荣昌盛。提供建材或属于基础设施核心部门的公司也会发展得很好。如果能在其股价仍位于低位时，领先于其他投资者找到这些股票，你就能在相当短的时间内获取巨额利润。

了解经济高速增长的国家的基本面后，我们必须意识到所有经济活动都能创造财富。随着经济的发展，人们的收入增加，在满足基本生活需求之外财富出现盈余，于是存款增多。随着银行里的存款增多，提高生活水平的欲望也更强烈。接着消费阶层开始形成，他们渴望拥有高品质的产品或服务让生活更有趣、更有益、更舒适。当一个国家或地区的中产阶级形成时，奢侈品类和消费类公司也将繁荣起来。

全球市场里能找到很多投资低价股的机会。放眼全球，观察全球发展趋势，有助于你早日找到“坠入凡间的天使股”、待发现的成长股以及被减价处理的股票。

暴涨股总结

在全球范围内搜寻股票

经济处于增长阶段的国家能提供很多低价股选项。

经济处于高速增长阶段的国家，在基础建设方面的开销会很大。市场对建造公路、高速路、桥梁的建材，建筑公司、水电输送、供暖与制冷服务、通讯技术有着旺盛的需求。

随着经济发展，人们的收入增加，在满足基本生活需求之外财富出现盈余，于是存款增多。随着银行里的存款增多，提高生活水平的欲望也更强烈。接着消费阶层开始形成，他们渴望拥有高品质的产品或服务让生活更有趣、更有益、更舒适。当一个国家或地区的中产阶级形成时，奢侈品类和消费类公司也将繁荣起来。

第 8 章

把旧观念抛进太平洋

市盈率和增长率为何不再适用？

everything you thought you knew · forget everything you thought you knew · forg

持续性超额收益对市场估价具有重要意义。由于比较周期不同导致产品和过程周期的缩短，必将削弱历史市盈率的实用性。

——迈克尔·莫布森

《华尔街日报》全明星分析师

畅销书《反直觉投资》作者

本章导读

微软的操作系统问世，巴菲特成为第一批试用客户。女儿向林奇推荐一种新型口味的饮料，他却开口问：“这家公司上市了吗？”当这些投资大师站在时代的风口浪尖上尽情赚钱潇洒时，难道你还在依赖旧习惯和旧思维投资，拒绝做出改变吗？

互联网风扫残云般地篡改着我们的生活，似乎要改变一切，被投资者奉为圭臬的市盈率还是投资者的圣杯吗？

主流方法只能获得普通收益，这可不是我们所追求的收益目标。我们要搜寻的是暴涨型低价股，卖出去的价钱应该是买入价的好几倍。

惠勒·麦克米伦（Wheeler McMillen）说，所有开创性进步都是发现新事实的结果。

我喜欢麦克米伦的这句话，我即将提出的建议要表达的也正是这个意思。前几个章节。我们谈论了华尔街的低价股类型以及去哪儿找这些股票。本章中，我们要更进一步，不仅搜索到这些股票，还要审视各类重要信息。开始阅读正式的建议之前，我希望你能把过去学到的评估股票价值的旧观念抛到一边。我在职业生涯早期就已经意识到，在搜寻低价股时必须抛弃过去的旧观念。第一个被我抛弃的理论就是有效市场理论，该理论认为所有信息都已经反映在股价上了。如果这种说法属实，我们就没有必要花时间搜寻低价股了！

无论是待发现的成长股，还是“坠入凡间的天使股”，都存在信息没能如实反映股价的情况。绝大多数情况下，这些股票之所以处于低价，仅仅是因为没有得到更多投资者的追捧。没有人留意到这些股票，也没有人在乎这些股票。而这正是我们获取巨大利润的好机会。

报表：陷阱？馅饼？

我们在第 3 章里谈到，上市公司必须向美国证券交易委员会提交反映其财务经营状况的 10 – Q 表和 10 – K 表。评价一只股票是否具有暴涨潜力，这些报表是基本的研究工具。

评估 10 – Q 表和 10 – K 表时，我们要用与其他人不同的方法。我们要寻找的是被华尔街遗漏的细节、好转的迹象、持续发展计划或者恢复增长的可能。

例如，市盈率不属于考察低价股的标准。通常，低价股的股价即将飙升时，它们的收益也很小甚至没有，或者盈利呈现周期性萎缩。很多投资者都习惯于以市盈率为评估标准，如果你也如此这样，那么现在就要抛弃那些旧观念。

我们就不能用市盈率评估福特汽车公司。汽车行业兴盛时，福特汽车赚了不少钱。盈利达到顶点时，往往容易盛极而衰。例如 1999 年，福特汽车每股收益 5.86 美元，平均市盈率为 9，而股价高达 57 美元。在那之后，无论是盈利还是股价，福特再也没有超越过这两个数字。因此，仅关注市盈率的投资者很容易就选择了错误的时机购买了这类股票。

2002 年，经济开始衰退，福特汽车的盈利跌至每股 0.15 美元。由于收益大幅缩水，平均市盈率高达 88。注重市盈率的投资者大概是不会选择这只股票了，但如果真这么做的话就太可惜了，因为福特当年的股票几乎一整年都处于 10 美元以下的低位。而一年后，福特的股价就升到了 17 美元以上。

部分投资者利用另外一个受欢迎的选股标准，也就是大家所熟知的市盈增长比率（PEG）。这种方法是对比市盈率与近期的收益增长率，所以同样不适用于筛选低价股，因为绝大多数低价股往往正处于暴跌状态，增长率远低于历史水平。

例如“坠入凡间的天使股”星巴克（股票代码：SBUX）。星巴克因为盈利暴跌，五年期的增长率接近负值，所以使用市盈率与增长比率的方法选股的话，一定会让你遗漏这只非常赚钱的股票。

The Little BOOK of Big Profits from Small Stocks

林奇先生认为，并不是所有低市盈率的股票都值得购买。投资者不能拿苹果和橘子对比，因此能够衡量道氏化学公司股票价值的市盈率，并不一定适合沃尔玛。他给出的忠告是，对于市盈率，你可以什么都记不住，但一定要记住的是，千万别买入市盈率特别高的股票。

我们都希望投资的公司盈利。正如我们前面所说，很多公司是因为经营上出现了问题，股价才会这么低。实际上，在这么艰难的情况下他们依然盈利，就说明管理层心中有数，他们有能力让公司在短期内重新回到更高的盈利水平。如果公司已经停止盈利，那就需要能让公司恢复盈利的理由或者刺激因素。

主流方法斩获普通收益

借用评估股票的传统标准时，我们的使用方法也不同于华尔街的其他投资人。评估股票时我们更加留意的是标准值的变化趋势，而不是各种比率和数据的绝对值。请容我解释一下。

我们回过头来讨论一下净值。做金融研究时，净值是一个被广泛应用的衡量标准，用于评估一家公司的收益与投资之间的比例关系，它能有效地评估管理层是否有效地运用了股东委托的资金。然而，净值本身并不足以评估一只股票是否具有暴涨潜力。

回想一下托尔兄弟（Toll Brothers，股票代码：Tol）2006 年年底的情况。这家公司当年的经营表现相当不错，净资产收益率(ROE)是 20%。根据普遍标准来看，20% 的净资产收益率相当不错，说明管理层非常好地运用了股东的资金。如果仅以静态的方式审视这一数据，投资者可能对这只股票的表现非常满意。然而，经过比较你就会发现这个数值存在漏洞：2006 年的净资产收益率相比去年同期，下降了 33%。

也就是说，投资者投入的资金回报在下降，在我看来这是非常危险的信号。接下来发生的事情我们再清楚不过。房地产市场泡沫破裂，利润持续萎缩，到 2007 年，托尔兄弟的净资产收益率降至个位数，到 2008 年，托尔兄弟负债累累。所以，我们不该拘泥于某个具体的数字，而应该留意数字的变化趋势。

搜索暴涨型低价股时，需要一种不一样的思路，一种跟你过去学到的方法完全不同的思路。主流研究方法倾向于做出符合主流的判断，我们不应采用老方法，不应选择大家都偏爱的股票。主流做法只能获得普通收益，这可不是我们所追求的收益目标。我们要搜寻的是暴涨型低价股，卖出去的价钱应该是买入价的好几倍。

暴涨股总结

寻找华尔街遗漏的细节

评估股票的基本工具是每家上市公司必须提交给联邦政府的报表。上市公司每个季度都必须向美国证券交易委员会提交反映公司财务经营状况的 10-Q 表。每年年底还必须提交一份用于归档的，被称为 10-K 表的年报。

华尔街使用的传统的筛选股票的方式，并不适用于搜寻暴涨型低价股！

如果你习惯搜索市盈率低的股票，那么在寻找低价股时，请抛弃这一旧观念。市盈率是当前每股价格与每股盈利之间的比值。通常，低价股的股价即将飙升时，市盈率也很小甚至没有，或者盈利呈现周期性萎缩。

也不要看市盈增长比率。因为这种方法比较的是市盈率与近期的收益增长率，同样不适用于筛选低价股。

净资产收益率本身并不能帮助我们挑选股票。不要拘泥于某个具体的数字，应该留意的是数字的变化趋势。

第 9 章

搜寻正确的资料

人物、地点和事件如何影响股价？

looking for the right stuff

要投资成功，就要拼命阅读，不但读有兴趣购入的公司资料，也要阅读其他竞争者的资料。

——沃伦·巴菲特

本章导读

华尔街人士为何时常把“每项资产都是开支”这句话挂在嘴边？如果一家上市公司更换了长期合作的审计公司，这是一个坏消息吗？内部人士抛售自家公司的股票，是好是坏？

这些看似简单的问题在希拉里看来，都不能一概而论，每一个问题都值得花费许多时间和精力进行调查与论证。

大多数投资者所看到的只是分析师给出的策略和答案，而看不到他们为此所付出的艰辛与汗水。

研究一家公司的股票时，我还会打好多电话与他人交流。我会打电话给华尔街上研究这只股票的分析师，我会拜访认识的专家。

评估股价较低的公司时，资产负债表的抗压能力是最重要的衡量标准之一。概括讲，我们应该遵循那句古老的谚语："断不可资不抵债"。同时，请牢记这条准则——候选公司的负债率不得超过50%。也就是说，将资产负债表的权益和债务加总后，债务所占比例不得超过总资产的50%。满足了这个条件后，在我们持有该公司股票期间，公司破产的概率将比较小。

我还希望通过经营杠杆了解公司经营状况。经营杠杆衡量的是投资每增加一美元，收益将发生怎样的变化。通常，固定成本高、对资本要求高的公司，经营杠杆系数就比较大。网络公司 Sprint（股票代码：S）就是一家经营杠杆系数较大的公司。公司将资金都投入到升级网络以及扩大 4G 网络在全美的覆盖率上，现有现金和融资资源都已耗尽。Sprint 公司的每位新客户每个月都要向公司支付一大笔费用。

查阅备候选股的资产负债表时，心中要牢记华尔街人士的口头禅：每项资产实际上都是开支。所以查看一家公司的资产项时，我总是不忘考虑这项资产的本质以及由此产生的成本。比如，到了某个时间点，建筑需要修护，计算机系统需要升级，存货需要出清，机器会出现故障，甚至被淘汰。我查看 10 - Q 表或 10 - K 表中的声明或管理层意见时，也会特别留意公司上次更新或替换设备是在什么时候。如果距离上次更新或替换已经有一段时间，这意味着成本将升高，利润会降低。

The Little BOOK of Big Profits from Small Stocks

林奇先生被称为“勤奋的兔子”，他的投资哲学十分务实。他偏好调研公司，每月走访四五十家公司，每年调研500～600家公司。在调研过程中，他十分注重已知的事实，重点是进行基层调查，他看重市盈率，但又不迷信它。他既不做预测，也不靠技术分析，但他的股票备选清单的更新速度却远超过绝大多数投资者。

候选股的附录和细则也非常重要。我会特别留意公司最近是否辞退了审计公司，审计公司是否针对公司的经济状况发布了负面看法。如果被辞退的审计公司发布了正面看法，在我看来这也是一个危险信号，这说明我正用于评估公司的数据可能有问题。公司最近是否更换了审计公司？

如果确实替换了的话，那么这也是一种危险信号，说明之前的审计公司对公司的经营状况提出了一些该公司不愿意回答的问题，或者该公司对审计公司得出的结论不满意。公司存在关门倒闭的风险吗？是否存在大量资产负债表以外的安排？这些有可能会对营杠杆和经营比率产生负面影响。

投资推介会

查阅基本资料后，请容许我介绍一种获取评估股票所需信息的最佳工具。每家公司的网站上都有投资者关系板块，上面的信息包含过去几年公司公布的新闻稿，以及分析师的荐股信息。大部分投资者关系板块还提供链接，方便访客直接查看该公司在美国证券交易所网站上的金融信息。

我打算用一只以前持有的股票来向你说明这个工具有多好用：温迪国际快餐连锁集团（Wendy's/Arby's Group，股票代码：WEN）。访问这家公司的投资者关系板块时，我看到了他们提交给美国证券交易所的所有报表、经济状况的历史数据以及股价变动相关链接。板块内容还包括过去几年发布的新闻稿和季度收益报表。所有内容中，真正吸引我的是网络广播和推介会。我还找到各种会议和投资者会议的链接，包括视频资料和 PPT 资料。

温迪国际的投资者关系板块里，发布了其管理层在最近一次的成长股会议上进行推介的资料，该会议由一家大型股票经纪公司的研究部门为投资者组织。推介会往往会给投资者留下美好的印象。然而，现在的监管制度这么严格，我相信公司也不敢过分吹嘘，所以会议上的文字、表格或图片等资料可以当作了解企业经营状况和发展规划的重要资源。

温迪国际在推介会上介绍了一款将于 2011 年下半年推出的新汉堡，这个计划相当诱人。因为公司正在回购股票，所以资产负债表表现不错。推介会上公司给股东增加了股息。管理层表示会继续努力提高 Arby’s 的业绩，并专注于经营 Wendy’s 这个核心品牌。推介会资料还包含国际扩张计划、更新的菜单以及财政状况。这些都是非常有价值的信息，能增强我持有这家公司股票的信心。

在投资者关系板块上，大多数公司都会提供这么有深度的信息。查阅了基本资料以及提交给美国证券交易委员会的文件后，下一步就应该访问候选公司的网站，对公司提供的宝贵资源加以利用。

读图术与读心术

通常，我下一步要做的是查看股票价格走势图。我绝不是图表派，但走势图能提供有价值的信息，尤其是在筛选暴涨型低价股时。购买量增加时股价是否上涨？如果上涨，这可能是因为对冲基金这样的大型机构投资者已经开始关注这只股票，那我必须赶快买入。股价是否升创了新高？股价反弹是否超越了支持层面？例如股价翻了两倍，这可能是机构投资者让这只股票触底了，那么购买时机是否成熟？走势图本身不足以让我做决定，但是这只股票的研究工作已经结束，走势图可以反映出其他投资者对这只股票的评估信息。

评估一只股票时，我还要查看的一项重要信息：买卖这只股票的对象。公司内部人员在买入还是在抛售？如果他们在抛售，这只是一两位高管的个人行为还是好几位高管都在这么做？一两个卖家可能只是出于个人原因需要现金，而如果在一段时间内出现不少卖家就是一个危险信号。如果公司高管都在抛售自家股票，那么我想我也不应该持有这只股票了。我得再认真考虑了。公司内部人员抛售的理由多种多样，但买入的理由只有一个：他们看好这家公司的发展前景，并且认为与公司未来的盈利潜力相比，目前的股价偏低。内部人员买入能坚定我对这家公司的信心。

我还会观察其他的基金或大型投资投资者在买入哪些股票。NASDAQ Stock Quotes 或 GuruFocus.com 这样的网站上都能看到这类信息。我并不是华尔街唯一的投资人，我也愿意了解一下少数几个精明的投资人对哪些股票感兴趣。这些亲自实践的炒股人本身就是一剂催化剂，他们的推荐会改变投资者对这只股票的看法。

分析师的“中肯意见”

研究一家公司的股票时，我还会打好多电话与他人交流。我会打电话给华尔街上研究这只股票的分析师，我会拜访认识的专家。这么多年来，我编织了自己的人脉网络，结识了从科技到医学等各个领域的专家。我在华尔街工作的 25 年里，认识了各个领域、各家公司里的专业人士。挖掘暴涨型低价股内幕信息时，人脉网络价值连城。

我们从分析师开始说起。我经常与分析师沟通交流，他们也经常向我提供一些深刻的见解和金融信息。事实上，他们提供的信息从别的渠道也可以获得，只要你找对地方。个人投资者甚至还能获得某方面的优势，因为分析师打电话给我不外乎向我推销股票。他们客户公司的或他们个人偏爱的，而个人投资者有机会获取更多不带偏见的信息。

有非常多研究资料可供参考。最古老、最有价值的资源之一是《价值线》。像沃伦·巴菲特和彼得·林奇这样的投资大师也夸赞过这本刊物。《价值线》创建于1931年，因此可以说它经受住了时间的考验。除了杂志特有的排名服务能锦上添花外，它还能提供10年以上的历史财务数据，让你迅速留意到企业变化和发展趋势。另外，《价值线》还提供分析师评论，这有助于你判断一家公司的股票是否有潜力赚大钱。

The Little BOOK of Big Profits from Small Stocks

通过聊天，了解一家公司的基本情况，这可是成长股大师老费雪的原创。在他那个年代，互联网刚有萌芽，还不足以运用到实际工作与生活中。收集信息的手段除了通过仅有的几份报纸外，就是通过电话机，不断地与相关人士通电话，通过询问与聊天了解一家公司的具体情况。相比于今天，在许多网站都可以免费获得各类信息。信息极大丰富的同时，也给投资者的决策带来了一定的挑战，尤其在“互联网+”时代，决策所需要的信息对于大多数投资者都是相差无几的，关键是决策时的考量与权衡。

标准普尔也会发布一些供投资者查阅的有价值的股票研究报告。很多折扣经纪行，包括嘉信理财、史考特证券这样的顶级经纪行也会免费为客户提供研究服务。像晨星这样的投资研究公司也会为股票研究提供历史数据。雅虎财经则会提供分析师的评估和观点，网站上提供的信息与我打电话与分析师沟通后得出的观点和结论类似。额外的好处是你不用像我过去几年那样坐在推介会上苦等。

聚会，不妨聊一聊股票

各个领域的专家确实是评估股票以及挖掘重要信息的最有价值的资源，但到哪里去找他们呢？或许你并不是真的没有机会接触到了解最新科技、产品和服务的专家。实际上，大多数人都拥有这样的人脉网络，只是他们不懂得利用而已。

让我们回想一下周末的聚会安排，看看能找到哪些获取信息的机会。从周五下班开始。工作结束后，你关闭电脑，拿着周末需要浏览的几份文件走出办公室。你像往常一样期待到你最喜欢的地点与朋友们狂欢。你冲到车库，跳进车里，朝聚会的老地方开去，你满心期待着能与朋友们聊一聊，开开心心地度过周末。走进酒吧时你发现其他人都已经到了。琳达身边仍然站着一个表情冷漠、四海为家的人。她是一家区域广告公司的会计主管，事业发展得很顺利。苏瑞是一家信用卡公司客户服务中心的主管，目前正和她丈夫山姆坐在角落的桌子边，他们跟前摆放着几杯鸡尾酒。他们一直计划着等山姆在工作了 5 年的手机连锁店，升职做了区域经理后，就到某座岛上度假。

让人高兴的是，贝琪也参加周末聚会了。她是位医药代表，因为公司的新药上市了，过去几周她都因为忙于推荐新药没有参加聚会。再次见到她真是让人愉快。乔当然也来了，他没有错过任何一次周末聚会。他还是像往常一样早早离开了，因为他经营的汽车专卖行周六一早要开门营业，以便在车流量多的周末多做几单生意。露易丝突然冲出来，嚷嚷着要侍应生立马端一杯酒上来。上周为了帮顾客找适合的办公楼，她忙得人仰马翻。与朋友愉快地交流了一两个小时后，你离开酒吧，开车回家，因为配偶与子女正在家里等着，期待与你过一个很棒的周末。

第二天你一大早起床，因为你儿子今天有一场重要的球赛。孩子们在赛场上欢快地奔跑时，你站在球场的边线外与另一位家长闲聊。约翰森博士是一位肿瘤学方面的专家，但他总是抽空为三垒手的儿子呐喊助威。球队教练保罗·史密斯实际上也是球队的赞助商，他经营着一间运动用品店。你注意到玛丽跟她那群朋友也来了，于是走过去与她攀谈。玛丽是国有银行本地支行的负责人，你们的子女从孩提时期起就很要好。赛场上，孩子们先处于落后状态，后来反败为胜。比赛结束后你把孩子们召集起来，是时候回家做家务，享受温馨的家庭时光了。

现在时间还没到周六中午 12：00，回想一下你遇到过多少收集信息的机会。琳达可能对广告行业发展趋势和企业消费模式了如指掌，她可能还很清楚客户出售的哪些产品在市场上大热。相信琳达对信用卡消费限额以及拖欠趋势也无所不知。山姆肯定清楚哪些智能手机是大热门，哪些备受冷遇。露易丝了解哪些药物受医生欢迎，以及哪些新药即将推出市场。我大胆推测一下，乔也对自己以及竞争对手的汽车了解得一清二楚。我敢向你保证，他非常清楚哪些品牌的汽车刚到货就被买走，哪些品牌的汽车停在停车场很久都无人问津。

约翰森博士对癌症治疗方法颇有研究，并且了解所有可能治愈癌症的新药。玛丽对银行业务烂熟于心，或许对经济发展趋势也非常了解。保罗·史密斯知道哪些高尔夫球杆是必备的，哪些是用来忽悠不懂行的傻瓜的。你所在的城市跟其他所有城市一样，因此这些信息能帮助你判断哪些高尔夫产品厂商会发展得好。

我要传授给你经验就是，去交流、去研究，并采取行动！你可能没有意识到，但你确实拥有足够的资源和人脉让你捕捉到那些避开了华尔街雷达的股票。当然，如果你需要别人帮你一把，可以登录我的网站 www.bigprotifsfromsmallstocks.com 搜寻正确的资料。

暴涨股总结

搜寻正确的资料

我们搜寻的公司，资产至少与负债等值，也就是说负债率应控制在总资产的 50% 以下。

留意 10-Q 表和 10-K 表中的细则。如果被辞退的审计公司对公司的经营状况发布了正面看法，那将是一个危险信号，这说明我正用于评估公司的数据可能有问题。

善用公司网站上的投资者关系板块，几乎每家公司的官网上都有投资者关系板块。上面有很多有价值的信息。

确认买卖这只股票的对象，是公司内部人员、基金还是大型机构投资者。公司内部人员抛售股票的原因多种多样，但他们买入的原因只有一个，那就是他们看好这家公司的发展前景，并且认为与公司未来的盈利潜力相比，目前的股价偏低。

标准普尔也会发布一些供投资者查阅的有价值的股票研究报告。很多折扣经纪行，包括嘉信理财、史考特证券这样的顶级经纪行也会免费为客户提供研究服务。

挖掘自己的人脉网络资源！大多数人都拥有一个非常有价值的人脉网络，只是他们不懂得利用而已。

第10章

适时买入 VS 准确卖出

根据市场情况挑选抛售时机

well bought is half sold well bought is half sold well bought is half sold well bought

大多数股票玩家是在一池浑水中钓鱼，边钓边放一堆空头废话，池水就这样被他们自己搞得更混浊了。

——安德烈·科斯托拉尼

畅销书《一个大投机家的告白》作者

本章导读

巴菲特说会买的人只能是学生，会卖的人才是老师。买入一只股票后，投资者必须了解与之相关的所有信息。负债是否增加了？新产品的发布时间是否会推迟？客户是否延迟或取消订单，导致公司库存增加？公司是否出现违规或法律问题？公司的经营状况是否改变？经济大环境是否发生了变化？

如果这些问题的答案有些是肯定的，那么就不要盲目等待股价反弹或者恢复到买入时的价位，你应该迅速出货，继续前进。

如果公司高层持续大量抛售，你就必须质疑自己最初的结论。你可能遗漏了什么重要信息，这时候你要做的就是立刻抛售这只股票。

无论投资哪类股票，对抛售时机的掌握都是最大的难点之一。幸运的是，我们交易的是低价股，买得正确就已经成功了一半。专注于低价股交易，多数时候市场会帮我们做出抛售选择。我将在本章稍后的内容中详细解说这点，但首先我要化解的是抛售股票的消极影响。

在细致地研究、经历找到暴涨型低价股的兴奋与喜悦后，有时候我们却不得不承认分析出了错或形势发生了变化，于是不得不抛售这只股票。

我相信绝大多数人都讨厌这样的时刻。这种情形通常会造成损失，没有人乐意蒙受损失。就像没有哪位高尔夫球手每次都能打出低于标准杆的好成绩一样，也没有哪位投资者每次都能选中能赚钱的好股票。

卖掉不赚钱的股票只是投资的一部分，我们必须学会面对现实，并且在必要时果断行动。

判断错误？还是时机过早？

开始投资暴涨型低价股时，有必要持续监控你的投资组合。投资组合内赚钱的股票显然是必查项目，但我希望你能够从表现不好的股票开始看起。当一只股票的股价发生了与你预期相反的变动，我建议你查看一下最初分析时遗漏了什么内容。看到股价下跌的股票时，一定要问自己这个重要问题：**到底是判断错误？还是时机过早？**你是否遗漏了什么重要信息，或者公司的情况发生了变化所以你改变了原来的看法？

林奇先生认为要找能成长3倍乃至10倍的股票，从道琼斯指数股中找比从一般小盘股中找难多了。小盘股的交易的确清淡，如果是重仓，可能会出现流动性问题。不过，对于普通投资者而言，由于持仓数量有限，则不用担心流动性。再说了，林奇先生说得非常正确，做股票就等于找对象，容易离婚可不是一个好理由。

买入一家公司的股票后，必须了解与之相关的所有信息。公司的负债是否增加？重要产品的发布时间是否推迟？客户是否延迟或取消订单，导致公司库存增加？公司是否出现违规或法律问题？公司的经营状况是否改变？买入这只股票后，经济大环境是否出现了变化？你要寻找的是买入股票后，公司及其前景出现的负面变化。古谚语说得好，亡羊补牢，为时未晚。如果情况恶化了，不要盲目等待股价反弹或者恢复到买入时的价位，你应该迅速卖掉这只股票，继续前进。

你可能还需要知道内部持股人在如何处理手上的股票。如果他们在买入，那很好。如果有一两个内部持股人抛售了少量股票，也无需大惊小怪；他们可能需要现金购买房产或新游艇。然而，如果这家公司不少内部持股人都在定期抛售股票，并拉低了股价，那你就必须搞清楚他们的抛售原因。股价是否升得过高过快？或许他们认为行业的未来发展将放缓。如果公司高层持续大量抛售，你就必须质疑自己最初的结论。你可能遗漏了什么重要信息，这时候你要做的就是立刻抛售这只股票。

通常，当一只股票长期符合暴涨型低价股的各项特征时，你可能会考虑增加持有量以降低购买成本。让我拿自己在 2011 年 6 月份的经历当范例，向你说明整个抛售过程，帮助你掌握处置低价股的诀窍。

2011 年 6 月，在某次查看投资组合时，我发现有几只股票处于亏损状态，其中有几只是小银行股，这些银行正经历转折期。查阅这些银行的财务状况和新闻报道时，我认为自己最初的判断依然准确无误。我持有股票的那几家银行正在想办法渡过难关。次贷危机衰退后，他们开始盈利，负债也有所减少。

虽然当前的经营状况不算好，但是相比买入股票时的情形，已经有所好转。实际上，我买入股票的时间过早，华尔街对这只股票的悲观看法影响了股价，但是长期看来，银行的经营状况还是很好，所以没有必要考虑抛售。

有一家公司的情况确实发生了不好的变化。我之所以购买美国利维能源有限公司（L&L Energy，股票代码：LLEN）的股票，是因为这家公司或许能从中国市场对煤炭的强大需求中获利。利维能源在中国的云南、四川两省经营煤矿、煤炭批发、炼焦等生意，并提供洗煤设备。

随着中国经济的飞速发展，中国每年的用煤量达到全球用煤量的一半，多达30亿吨，中国政府也表达过对煤炭供应量短缺的担忧。这对于利维能源而言是好消息，煤炭供应量短缺会导致煤炭价格上涨。

然而情况发生了变化。利维能源是一家逆向收购公司（私有制公司通过借壳上市公司而成为了上市公司），其曾是空壳公司的背景引起了分析师对其经济状况和盈利能力的质疑。利维能源的管理层也没有对此做相关澄清，于是股价大受影响。

无论煤炭行业的前景如何，财务状况缺乏透明度都是一个大问题。如果搞不清楚一家公司的负债、资产和盈利到底是多少，就不能继续持有这家公司的股票。因此，我卖掉了利维能源的股票，蒙受了部分损失。尽管我心里不好受，但这才是正确选择。

卖出不赚钱的股票时，最重要的是你的态度。卖出是投资的一部分。只要大部分暴涨型低价股真正暴涨了，你仍然可以赚很多钱。**因为一只股票亏损了就质疑你的思维过程或自信，这将影响你的长期表现。**

如果形势发生了变化，你就必须改变原有的观点，卖出不赚钱的股票才是明智且正确的选择。

用庄家的钱赌博

现在我们聊一聊值得开心的卖出情形。作为一个投资者，没有什么比卖出股票、赚取现金更让人开心了。对大多数人而言，困难的是何时卖出涨价并实现盈利的股票。重申一遍，答案就在媒体刊登的评估报告及公司发布的财务报表中。看完投资组合中表现最差的股票后，查看一下赚钱股票的相关消息，这样你才能确认它们是否有上涨的潜力，是否有必要继续持有。

有几个重要的标准可用于衡量你投资的股票。第一个标准显而易见：既然我们专门投资股价是个位数的低价股，那么当股价超过 10 美元时，就有必要静下心来审视公司的经营状况及其股价了。盈利与利润是否出现了增长或反弹？公司的债务是否减少了？是否解决了资产负债表上的问题？新产品在市场上的接受度如何？

从技术分析上说，日成交量有没有增加？还是保持了原有的交易量？如果答案是肯定的，这可能是因为曾经抛售这只股票的大型机构投资者重新买入了，这有可能推高股价。股价是否达到了 52 周以来的新高？股票是否呈现出稳定增长模式：最高价不断攀升，更重要的是，短暂出现的低价也升高了？要知道，股价总是时涨时跌，如果这一轮的低点高于上一轮的低点，便是利好的迹象。这可能引起更多人买入，股价可能继续走高，你可以借助这股势头增加自己的利润。

只要形势好转，你就可以继续持有该股。我至今仍持有价格线公司的股票，虽然股价已经翻了好几倍但我依然没有卖出。价格线公司的经营状况越来越好，投资者也一直热衷于这只股票。虽然我买入时的价位很低，现在这些股票也已经升到了高位，但只要形势持续好转，我就可以安心持有这些公司的股票。

有时股价飙升也意味着是时候卖出了。如果公司经营开始放缓或利润停止增长，这一定是卖出信号，而即便收入和盈利一直在增长，但季度报告上的数字却出现了缩减，那也是时候卖出股票，赚取利润了。如果你手上有一只股票的股价上涨了，公司却发布了负债增加或股权融资的消息，你可能需要考虑卖掉这只股票。股权融资会拉低股价。如果股价下跌，接近买入价，你则可以考虑继续买入股票。融资可能是因为公司无法获取足够的现金以满足自身发展，所以你应该考虑卖出。股价上涨时，加仓通常是正确的想法。如果你是一位比较保守的投资者，股价翻番时就可以考虑卖出。收回成本后，你就可以像拉斯韦加斯人说的那样“用庄家的钱赌博”，再买几只低价股。即便你仍然偏爱这只股票，但想到自己最初投入的成本都已经安全了，还是颇能让人感到欣慰。

当所有人都喜欢它时，卖掉！

另外一个重要的卖出信号就是，突然之间，你买入的那只股票受到了所有过去厌恶它的人的喜爱。这极有可能是因为你当初买入的是一只没有人听说过，或者没有人喜欢的暴涨型低价股。

情况之所以出现逆转，可能是因为所有给予这只股票低评价并建议投资者卖掉的研究机构，现在高度评价这只股票并建议投资者持有，金融节目纷纷推荐这只股票，都在谈论公司神奇的转变以及光明的前途。沃伦·巴菲特曾说过，投资者要为华尔街达成的共识付出昂贵的代价。如果所有人都爱这只股票，那么会有谁没有买吗？然而，我们希望买入待发现、不受欢迎的股票，所以当它们变得知名且受欢迎后，请卖掉它们。

The Little BOOK of Big Profits from Small Stocks

在卖出股票时，投资者时常遇到“眼睁睁地看着煮熟的鸭子从手中溜走”。这些投资者多数是被机构投资者制造的假象所蒙蔽或欺骗。过早地落袋为安是中小股民的老毛病，就像感冒一样，时不时地会遇到。林奇先生也遇到过这样的情况。1997年5月，他在26美元重仓买入华纳公司股票，6个月后，他在焦虑不安中以38美元卖出。令他追悔莫及的是，华纳公司股价后来竟然疯涨到180美元。

如果你的股票登上了荐股评级榜单，绝对是时候考虑卖出了。股票上榜后，它的股价会出现飙升，大部分情况下，你应该考虑立刻卖出。通常，学术界会认真地记录推荐榜上表现不佳的股票。当外部环境完全改变，你就必须考虑该股票受到推荐后，短期购买者会对股价产生怎样的影响。

当豺狼扑上来时，喂饱它！

我最喜欢的卖出方式是在别无选择的情况下卖出。筛选暴涨型低价股时，我们买进价格和市值非常低的股票。尽管其他的投资者没有留意到这些股票，但总有另外一群寻找便宜货的人正密切关注着这些低价股。业内其他公司的执行总裁及首席财务运营官也在密切关注这些公司的股票。私募股权公司和杠杆收购公司同样如此。

在企业界，增长会像咒语般被人不停念叨。没有增长，股东会埋怨你，投资者也会千方百计地施压。如今的问题是，很多企业要想实现增长必须付出巨大的代价。开设新店铺或推出新产品的成本非常高，而高成本直接影响盈利水平。盈利降低又是经营者最不乐意看到的现象。大型企业还有另一个出路。如果与自己竞争的小企业在极佳的位置开设了店铺，或者提供了不错的服务，大公司就可以通过兼并它们以获得增长。当整个行业都陷入低潮时，精明的管理者会并购实力较弱的竞争对手，利用行业的经营周期获利。正如我们在第 6 章中讨论过的那样，制药公司一直在寻找新药品扩大生产线，他们通常的做法是投资或者直接并购小公司。

私募股权公司总是像饥饿的狼群一样，徘徊在被低估的资产及收入流周围。私募股权公司通常利用经济杠杆收购被低估的公司，经营几年，提高经营表现，偿付债务后，再以较高的价格重新卖给市场。他们的目标是那些尚未被华尔街发现、能够以低价买到，或者能加速成长好多年的公司。

对于任何买家来说，暴涨型低价股都是非常好的购买对象。我们在寻找的是增长率高，或资产便宜且股价较低的公司。因此，可以说我们有两大竞争对手：大型机构投资者和私募股权公司。随着你购买低价股的经验逐渐丰富，你会发现多数情况下，你都是在别无选择的情况下才卖出手里的低价股。经常发生的状况是，大型机构投资者和私募股权公司不约而同想要买入整家公司，所以除了卖掉手里的股票，你别无选择！好消息是为了买下整家公司，买家的开价不可能低于市场最低价，也就是说你能从中获利不少！

请牢记一点，买进正确就成功了一半，但意外无可避免。这么多年来的经验告诉我，如果固执地不肯承认最初的判断出了问题的话，你会一再被证明是错误的。我们购买的那些不受欢迎、没有知名度的股票，总有一天会被华尔街发现，并获得华尔街的喜爱。我们应该充分利用这种由恐惧和贪婪心理铸就的周期获利。我刚开始在华尔街工作的时候就听到过这句话——“恶狗扑上来的时候赶快喂饱它们”。如果投资者渴望获得你拥有的股票，且愿意为此支付高价，给他们！

暴涨股总结

清楚抛售时机

密切关注投资的低价股。股价下降时，必须诚恳地回答下面这个问题：究竟是我判断错误还是我购买时机过早？

因为一只股票亏损了就质疑你的思维过程或自信，将影响你的长期表现。

只要形势在好转，就可以继续持有你手中的低价股。如果公司经营开始放缓或利润停止增长，这一定是卖出信号。

股价上涨时，加仓通常是正确的想法。如果你是一位比较保守的投资者，股价翻番时就可以考虑卖出。

我最喜爱的卖出理由是公司被并购了。为了完成交易，买家必须按照市价购买股票，也就意味着你将获得巨额利润！

第 11 章 华尔街的狼

攫取利润的有效建议

re the wolves of wall street beware the wolves of wall street beware the wolve

当具有竞争优势的企业出现在我们面前时，如何不失时机地识别它们，而不在乎企业的规模大小、历史长短或是所属行业。

——帕特·多尔西

晨星公司证券研究部主管

畅销书《寻找投资护城河》作者

本章导读

为何那么多机构投资者对待低价股像对待瘟疫一样，敬而远之？为何茫茫投资大众却视低价股如财富救星，奋不顾身？低价股的风险到底在哪里？如何衡量与规避？

低价股操纵者如何哄抬股价？如何把低价股吹嘘得天花乱坠，再推销给毫不知情的投资者？投资者如何从华尔街的狼口中拔牙？如何抓一只小狼当宠物养？

需要提前说明的是，搜寻暴涨型低价股时，有些风险需要依靠感知，有些风险则完全属于技术问题。

低价股之所以具有暴涨潜力，原因之一在于华尔街厌恶价格处于个位数的股票。很多股票经纪行会对低价股收取更高的费用和保证金率，还有一些经纪行则完全不允许交易低价股。普遍认为低价股的风险高于价格较高的股票。我完全不那么认为。如果你购买了一只30美元的股票和一只5美元的股票，且两家公司的财务状况类似，在我看来，它们的投资风险一样大，甚至财务状况良好的低价股的风险，要小于高价股的风险。同等条件下，风险与财务报表中的收益成正比，而不是与股价成正比。我认为，所谓的“所有低价股都很危险”的观点不正确。然而，这样的偏见为我们制造掘金的好机会。

筛选低价股时有几件事情值得考虑。如果不讲一讲交易低价股相关的风险和因素，我就太玩忽职守了。需要提前说明的是，搜寻暴涨型低价股时，有些风险需要依靠感知，有些风险则完全属于技术问题。

别把血汗钱放进别人的口袋

低价股总容易遭受特殊风险，比如交易欺诈以及人为操纵价格。电影《抢钱大作战》以及《华尔街之狼》就描绘了与低价股有关的不道德的犯罪行为。操纵低价股是相当常见的犯罪活动，电视剧《黑道家族》中也有类似情节。

操纵股价说到底就是用各种手法哄抬股价。比如，居心叵测的操作员以低价积累了大量股票，然后再把这只股票吹嘘得天花乱坠，以推荐给毫不知情的投资者。操纵者建议投资者趁低价买入，并向其描绘公司光明的发展前景，推荐语中一定会穿插了不少术语，旨在让投资者听得云里雾里又热血沸腾，这样才好勾起对方的贪念。当投资者信以为真时，操纵者就以比实际状况高得多的价格抛售这只股票，然后带着投资者的血汗钱离场。

The Little BOOK of Big Profits from Small Stocks

A股市场上，从来不缺少讲故事的高手，也不缺少散播各类消息的“好心人”。在过往的一段牛市中，更是亦然。即使在路边散步，迎面走来两个大妈都在谈论股市，一个说：“某某股票要有大动作了，听说要收购什么什么。”另一个说：“我的某某股票要涨停了，隔壁某某说的，他儿子是那家公司的高管。”中国A股在这样的层面上奋力前行，实在很难得。

大多数时候，被操纵的公司都没有业务或资产，是一些专门用来欺骗投资者的空壳公司。另一些时候，是一些资金严重匮乏、即将破产的小型煤矿公司或技术公司。整场“交易”中，唯一的赢家就是兜售股票的骗子。**避免陷入这类骗局的最佳方式就是，不要购买你从来没有听说过的公司的股票，不要听从不认识的人的任何荐股意见。**因为美国证券交易所曾相当彻底地清除了专营便士股票的经纪行，所以这类经纪行不如过去那么盛行了。然而，市场上还是有几家这样的经纪行，相信只要贪婪和不诚实的本性依然存在，这类经纪行就不会消失。逃离他们的魔爪其实并不难。如果某位你完全不认识的股票经纪人打电话向你强力推介一只低价股，你直接挂断电话就不会受骗了。如果收到一封投资推介信，说一家新兴公司前景如何之光明，回报如何之丰厚，直接把信扔进垃圾桶就可以了。

好消息和坏消息总是结伴而行。大众因为华尔街操纵低价股而对其产生的厌恶情绪，往往超过了实际的罪恶程度。《抢钱大作战》加剧了投资者对低价股的抵触情绪。而跟节食的人一起吃饭时，我总喜欢说“再给我来点蛋糕”，所以让低价股来得更猛烈吧！

在网上，没人知道卡拉是条狗

如今，大多数股票推荐都通过互联网完成。我的邮箱几乎每天都会收到便士股推介信。似乎那些犯罪分子被正规的经纪行开除后，都涌到互联网上继续招摇撞骗了。避免落入他们魔爪的方法与躲避“实体”股票操纵者一样。如果你从某个从来没有听说过，或者不怎么有名的投资机构那里听说了某个赚几百万的投资机会，直接删除邮件即可。如果你不了解他们或者从来没有听说过这家公司，

99% 的情况下直接点删除键并不会给自己带来损失。如果在互联网上查看研究股市的公告板时，看到有人对某只小盘股做出了不切实际且缺乏真实性的判断，不要相信这些结论。稍微研究一下那只股票，你就会发现，多数情况下你依然要点删除键。

我并非暗示所有以互联网为基础的，针对低价股的研究或建议都不正确。我自己就提供以互联网为基础的投资服务，我认识的其他几个尽责的投资人也提供这类服务。如果不想在股市中受骗，最好的防御措施是自己做研究，核实对方提供的信息，这样你很快就能分辨哪些人是来帮助你致富的，哪些人是来搜刮你的积蓄的。

破产刀尖上的血滴

搜寻赚钱的低价股的另外一项风险在于，很多低价股确实应该处于低价，且极有可能股价归零，进而退市。所以我前面概述过的研究工作必不可少。公司是否有能力偿债？是否有破产的可能性？这家公司到底是在实施重整计划，还是打算彻底击垮投资者？所有破产公司的股价都是从个位数一路跌至一文不值。

如果你在公司财务报表上看到做假账或证券欺诈的公告，即便你认为这家公司仍然有发展潜力，也最好卖掉它。除非你是一个非常有经验的法务会计师或证券律师，否则你很难对事件最终的结果做出正确判断。大多数人都认为安然公司和世界通讯公司这样的巨头，即便被指控欺诈，仍有机会存活下来。结果大家都知道，它们都没有幸存下来，很多人因此蒙受了巨大损失。

退市前的疯狂不断在A股市场上演，国恒退进入退市整理期后，股民反而更加追捧，导致股票大涨近14倍，迫使监管机构接连发布17次风险提示公告。由此可见中国股民的癫狂与痴迷。作为普通投资者，像这类刀口嗜血的投资行为还是少碰为好。

另外一个雷区是交易已申请破产的公司的股票。这种类型的公司，其所有资产都极有可能落到债券持有人和股东手里。这样的事情总让我惊讶不已，即破产公司停牌前，其股票前一天的交易量还有上百万！绝大多数情况下，破产会耗尽公司的抵押资产。在抵押资产没有耗尽的极少数情况下，稍微研究一下就能得知破产的获益者是谁。为了兑现资产重组，内部持股人和大型对冲基金大量买入抵押资产，否则公司的股票就无可避免地要经历破产重组或清算。

佣金：钱袋里的吸血鬼

投资并交易低价股时，需要格外注意交易成本和佣金。很多经纪行会对低价股的交易收取更高的佣金，因此你必须注意经纪人的收费标准。如果买入股票时，你习惯借用保证金，一定要牢记部分低价股不能借用保证金或者保证金的利率会更高。我希望你把搜寻暴涨型低价股作为投资重点，但一定要搞清楚你所在的股票经纪行会不会因此收取额外费用。

还有一点需注意的是，利用市价委托服务买卖低价股也将产生费用。部分低价股的高差价容易产生费用。所谓的差价指买入价与卖出之间的差距，前者指他人愿意从你手里购买股票时的价位，后者是他人出售给你股票时对方要求的价位。像 IBM 这种大型公司发行的流通股，差价通常不到 1 美分，所以产生的费用很少。然而，交易量较小的低价股的差价就要大一些。例如，如果你找到一只不受追捧的待发现成长股，一定要核实投标、询价、考虑是否使用限价指令等。留意股票的日成交量，买入量不要大到足以影响股价。如果你必须在短期内买入大量股票，请分批购买，每次购买少量股票。虽然这种情况不常遇到，但你必须十分小心，以免造成不必要的损失。

常识预防损失

在股市中，尤其是交易低价股时规避风险的关键在于充分利用常识。没有人会无事献殷勤给你寄一封股票信息详尽的邮件，并承诺它一定会让你发大财。正如我在本书中强调过的那样，搜寻低价股需要自己多努力、做研究，没有人会把通往财富之门的钥匙免费递给你。牢牢记住，即便你的叔叔弗莱德非常擅长投资股票，他也不会每次见到你就借 100 美元给你。你要做的是查阅 10-Q 表和 10-K 表，仔细考察公司的经济状况和管理层对经营状况的展望。另外，在注解中搜寻警告标志和危险信号。

大多数时候，号称低价股存在的风险都只是号称而已。如果你找到一家财务状况和经营状况都良好的公司，就不存在投资风险了。低价股大大增加的风险为我们赚取高额利润创造了机会。

暴涨股总结

读懂危险信号

避免陷入欺诈骗局的最佳方式就是，不要购买你从来没有听说过的公司股票，不要听从不认识的人的任何荐股意见。

很多经纪行会对低价股的交易收取更高佣金，因此你必须注意经纪人的收费标准。一定要牢记，部分低价股不能借用保证金或者保证金的利率会更高。

部分低价股的高差价容易产生费用。所谓的差价指买入价与卖出之间的差距，前者指他人愿意从你手里购买股票时的价位，后者是他人出售给你股票时对方要求的价位。

第 12 章

小盘股，大利润

把股票放在一个篮子里？

rices and high profits　low prices and high profits　low prices and high profits　lo

转手率是复利的敌人，但却是国税局的朋友。

——克里斯托弗 · 布朗

畅销书《价值投资》作者

本章导读

大蓝筹被短线客和计算机霸占，沃尔玛、IBM等公司又是大机构的投资组合的常客。普通投资者，如何通过投资低价股实现财务自由和人生价值?

作为投资者，拥有乐观的态度比过分恐惧有利得多。恐惧很有影响力，且媒体喜欢恶意夸大全球环境、市场环境和公司情况。如果投资者把焦点都放在恐惧上，你就会错失良机。

抛售不仅对你所持有的低价股的影响较小，而且抛售狂潮有可能把大型公司的股票压低到你有能力购买的价位！

希望我已经把搜寻暴涨型低价股所需的信息和工具教会了你。我从事金融或相关行业工作这么多年，发现低价股是让投资者攫取巨额利润的唯一领域。这句话在今天的市场尤为适用，大型公司的高价股被短线投资者和程序化交易员主宰。你我这样的普通投资者买卖沃尔玛和 IBM 这类大公司的股票，几乎不具备任何优势。几十个投资分析师都在密切地关注着这些股票的一举一动，每天都有成千上万投资者在买卖这些股票。对于我们而言，想在这类股票上赚钱十分困难，且高涨的股价意味着大笔资金被吸引进来。

由于供求关系的存在，低价股在本质上更具暴涨潜力。让总资产 2.5 亿美元、股价为 6 美元的股票涨价所需的资金比总资产 250 亿美元、股价为 60 美元的股票所需的资金要少得多。与购买大型股票或指数型基金相比，专注于研究低价股更能获得有助于更快赚取巨额回报、提前实现财务目标和梦想。**通过比华尔街更快搜寻到暴涨型低价股，利用很多传统投资经理人都有的从众心理获利。**他们打压某只股票时，就是我们买入的好时机。等到他们恢复对这只股票的兴趣时，就是我们卖出的好时机。我们先于华尔街搜寻到稳定的成长股，等到这些股票也进入华尔街的雷达搜寻范围后，股价就会飙升。在我看来，搜寻暴涨型低价股是个人投资者唯一击败华尔街专业人士的机会。

让利润奔跑起来

我希望你从这本《猎杀暴涨黑马》中学到的最重要的内容是对市场保持乐观态度。作为投资者，你拥有这种乐观态度比过分恐惧要有利得多。恐惧很有影响力，媒体还喜欢夸大全球环境、市场环境和公司情况。如果你把焦点都关注在恐惧上，你就会错失良机。2008 年，如果你把关注点都集中在汽车行业的问题上，你就无法看清福特汽车经营状况良好，并从竞争对手的失利中获益。如果美国食品及药物管理局推迟批准丹德里昂公司的新药时，你就卖出丹德里昂公司（Dendreon）的股票，你就会因为没有了解到准确信息而失去获取巨额利润的机会，要知道美国食品及药物管理局并非不批准，而只是推迟了批准时间，那这款抗癌新药迟早会被获批准而失去攫取巨额利润的机会。

这条准则同样适用于股票市场。市场将出现低谷。你所在的行业将出现衰退和熊市。正确看待这类形势的方式是把它们视为导致库存增加的事件，而不是灾难。购买低价股的优势之一是随着股市反弹，鲜有股票能以个位数的价位交易。因此，这种投资法成为了衡量投资组合市场时机的一项标准。随着股价攀升，你抛售早期低价买入的股票从中获利。大部分时候，我们都找不到足够的低价股进行投资。因此，市场进入周期性衰退时，你就有充足的现金购买有潜力的低价股了。

把时间回调到2014年2月，时值A股熊途漫漫，一眼望不到头。此时，曹仁超、李大霄等专家已开始在博客上呼吁投资者持有跌破净值的银行股，但大多数投资者都充耳不闻。到了2015年初，银行股等低价股已悄然翻升一倍，人们才意识到大牛市真的来了。而此时的市场已不同于一年前的市场了。因此，猎杀暴涨黑马的关键就是比别人早一步判断出哪只才是真正的黑马。

等到市场恢复正常时，持有低价股还有另外一个好处。大部分低价股是“坠入凡间的天使股”或暂时出现经营问题、价位低于 10 美元的成长股。市场恢复正常时，华尔街和大型机构投资者基本上已完成抛售，因此你的股票不需要面对高价股所面临的抛售压力。像对冲基金这类杠杆作用大的机构投资者，必须卖掉流动性更强的高价股，而不是发行低价股的小型公司，才能满足征收保证金的要求。抛售不仅对你所持有的低价股的影响较小，而且抛售狂潮有可能把大型公司的股票压低到你有能力购买的价位！

最佳的投资者都是被我称为乐观的愤世嫉俗者的那类人。他们很清楚每一个熊市都有完结的时候，每一次经济衰退之后经济都会恢复。他们还很清楚，世界上有很多用新方法解决长期存在的老问题的企业家和创新者。随着时间的推移，社会在不断进步。他们也很清楚今天不讨喜的公司可能在明天大受追捧。随着时间的推移，乐观的心态能让你在股市谋利。过去，这种乐观心态一直帮助投资者获利，将来，它仍将有利于投资者。

愤世嫉俗者往往不偏听偏信任何人的任何言论。采集但予以求证才是他们的一贯做法。伟大的投资者不会被所谓“秘籍”、谣言或荐股人员的花言巧语糊弄。通过调研和搜集资料，他们避免了大多数投资者会犯的错误，这些错误会拉低收益水平。他们认真研究金融文件和公司推介会，以确定公司的经营状况，并根据公司的经营状况判断其能否恢复正常并实现增长。当市场活跃，大家都涌入股市时，伟大的投资者会询问最关键的问题：这次是否真的不同了？市场崩溃时，他们会扪心自问，市场是否会就此一蹶不振？这些问题的答案有助于他们在牛市时保持清醒，在熊市时保持信心。

聪明的投资者更钟情阅读

为了了解全球情况和市场情况，成功投资者会贪婪地阅读大量材料。与沃伦·巴菲特搭档几十年的传奇投资人查理·芒格说过，聪明人都是依靠阅读变聪明的。有了互联网之后，阅读经济新闻变得更加容易了。**我总是告诉大家不要只看那些观点与你相近的人的文章，也要读一读那些意见与你相左的人的文章**。如果在对方的思维逻辑中发现了漏洞，这无疑会强化你自己的观点。尽量阅读能获取到的所有材料，这是获得投资成功的最佳建议之一。

低价股可能是你利润最高的投资项之一，但正如我一直强调的那样，投资低价股并非易事。这需要做大量的研究工作，虽然算不上太辛苦。除非你是在桑拿房里做研究，否则不至于劳累得满身臭汗。发现一家有潜力的低价股公司后，你必须阅读该公司的 10 - Q 表和 10 - K 表。尤其要留意报表上的附录部分，这部分内容有助于发现书中提过的潜在问题或定时炸弹。访问公司网站时，查看一下投资者关系板块有没有推介资料。推介资料能帮助你了解管理层计划、即将推出的新产品和服务、能增加收益和利润的新市场。每投资一家公司，我都会读四五份文件和推介资料。毫无疑问你也会发现：周边考察和深度研究能让你买到最棒的股票。

花几分钟时间研究买家和卖家的身份。如果内部人员在公开市场上购买自家股票，说明管理层对公司未来的发展很有信心，这更加坚定了你对这只股票的判断。如果很多内部人员都在抛售这只股票，尤其是在低价卖出，那么你可能遗漏了什么要点，有必要重新查看自己的判断。如果乔治·索罗斯、大卫·泰珀或者其他知名的投资大师在买入你喜欢的那只股票，同样可以印证这只股票具有暴涨潜力的结论。如果他们或其他成功的基金经理一直在抛售这只股票，你就必须好好想想他们是不是知道什么你不知道的内幕。

暴涨型组合的多样性

你的脑海中必须牢记一点，建立暴涨型低价股的投资组合时，务必保证股票种类的多样性。多样性是一个被滥用了的字眼，然而在构建低价股投资组合时它非常重要。暴涨型低价股不应该全部由生物科技股组成，投资组合中同一行业的股票比重也不宜过高。如果同一行业的股票比重过高，你就不得不面对行业的特有风险，这会限制你的收益，让你面临更大的价格波动。

如果在同一行业发现几只有潜力的股票，请选择最有潜力的一两只。这种做法有利于增加总收益。我目前的投资组合里包括生物科技公司、智能手机制造商、银行、酒店、废金属处理厂和餐厅。将投资范围延伸到各行各业，有助于扩大成功概率。

The Little BOOK of Big Profits from Small Stocks

结合A股市场的特点，投资者在构建投资组合的时候，可以从蓝筹股、小盘股、创业板等不同板块进行选股，区别积极进取的互联网股和稳定的防御型消费股。如果资金在5万元以内，建议配置3只股票左右；如果资金在5万～10万元，建议配置五六只股。如果为了分散风险，而配置更多个股，投资者是没有精力和时间照顾过来的。

如有可能，你的投资组合中可以包含的公司最好能够以不同方式对经济形势及市场做出不同反应。例如，油价上涨。对于石油公司而言是好事，对燃料需求旺盛的航空公司而言，就不再是什么好事了。如果你的备选股清单上包含这两个行业的股票，这相当于在引入一定程度的多样性，可以弱化特定经济事件带来的风险。如果你购买了过多石油公司或航空公司的股票，油价上涨就有可能严重损害你的收益。保持平衡有助于避免这类风险。

通往财务自由的捷径

投资暴涨型低价股是一项有效的投资策略。据我所知，这种投资方法是增加资产净值最快捷的方式。投资价格线这样的公司能更快赚够子女的教育经费或退休金。而投资像达尔令国际这类股票，获得的收益足以支付一次梦幻之旅的费用甚至能买下梦想之家。如果你愿意研究小盘股，投资个位数的低价股能为你增加不少收益。

我专门为这本书建立了一个同步网站。本书中我一再提及这个网站并提供网址给你们：www.bigprofitsfromsmallstocks.com。这个网站囊括了各种帮助你搜寻暴涨型低价股的思路和方法，我希望你能经常访问这个网站。

我真心希望你不要止步于此。请使用本书中概述的思路和技术，抛弃过去使用的那些只能带来普通收益的传统的投资方式。书中介绍的投资方法可以帮助你赶在华尔街之前，或者趁华尔街还没有意识到这些股票的价值之前，率先发现雷达外的低价股。

在我看来，投资暴涨型低价股是利润最高的投资方式之一。我诚挚地希望这种投资方式能让你也像我一样获得巨额回报，并且希望这个策略能够帮助你实现财务自由的梦想。

暴涨股总结

小盘股大利润

务必访问我们的网站获悉更多投资技巧：www.bigprofitsfromsmallstocks.com。

致 谢

The Little BOOK of Big Profits from Small Stocks

首先，我要感谢 InvestorPlace Meida 出版了我之前的 3 本投资书籍，让我有机会将我的投资经验分享给这么多个人投资者。我热爱我的工作，很感谢孜孜不倦的专家小组，在他们的帮助下，我才能在一年 52 周每周都及时提供市场最新信息和具体的投资建议。我尤其要感谢出版商梅兰妮·拉索（Melanie Russo），编辑戴夫·吉尔伯特（Dave Gilbert），感谢他们兢兢业业地工作，以及在工作中所表现出来的专业素养。我还要感谢我的同事，注册金融分析师史蒂芬·玛当娜（Stephen Madonna），以及学识渊博的投资专家罗伯特·伊斯特（Robert Easter），他对市场的热爱以及对我工作的支持是我获取投资灵感的源泉。

其次，我还想感谢宾夕法尼亚大学沃顿商学院教过我的教授们，尤其是杰里米·西格尔（Jeremy Siegel）教授。教授们讲解股票市场和投资的方式生动活泼、别出心裁、创意十足，为我创建属于自己的投资理论提供了不少灵感。沃顿商学院的指导老师教会我坚持观点的重要性，这是作为一个成功的投资者最重要的特质。

我还要感谢韦尔斯利女子学院（Wellesley College）的教授，韦尔斯利女子学院总是鼓励女性追求最高成就，成为行业先驱。我还要感谢让我获益最多的老师，塞尔吉奥·奥米纳缇(Sergio Orminati)。有缘做他的学生我很幸运，听了他的课之后，我终于学会了正确地思考以及自信地表达观点。

再次，我要感谢支持我的朋友，包括《纽约邮报》的里奇·威尔纳（Rich Wilner）、《彭博商业周刊》的尼基尔·哈辛（Nikhil Hutheesing）、新闻集团的斯科特·诺维尔（Scott Norvell）、《晚间商业报道》（*Nightly Business Report*）的同事梅丽莎·哈蒙(Melissa Harmon)以及汤姆·哈德森（Tom Hudson）。感谢随时都愿意帮助我的定量投资大师，在德意志银行工作的迈克尔·塔里（Micheal Tari）博士；一再挽留我的彼得·迈克尔·斯泰克麦斯特（Peter Michael Steckmest）以及永远的朋友埃米尔·冯·丹·波尔（Emile Van Den Bol）以及杰夫·布卢曼克兰茨（Jeff Blumenkrantz）、巴里·丹尼尔斯(Barrie Daniels)和莉比·钱伯斯（Libby Chambers）。

我想感谢伟大的哈里·克拉克（Harry Clark），他总忙于帮助朋友、同事以及需要帮助的人，他一直鼓励着我。

不论什么时候，也无不论遇到什么难题，哈里总是乐于提供宝贵的见解和帮助。他的帮助是无价之宝，他的专业素养应成为行业典范。我还要向华尔街传奇人物、专业重组公司 Miller Buckfire 的亨利·巴克福艾（Henry Buckfire）表达最诚挚的谢意，他是我的导师，他永远都能向我提供无私的帮助。他支持和教导我所花费的时间和精力是无价的。谢谢你。还要感谢我的表姐妹瑞亚·西尔斯（Rhea Siers），她全身心地投身于公共服务，她一直是我依靠的肩膀，我生活中的开心果。感谢柯林·埃斯皮诺萨（Cholene Espinoza）给我的生活带来如此大的影响，你是真英雄。

第四，我要感谢提姆·梅尔文（Tim Melvin），本书得以出版，他的贡献功不可没。克里斯·马莱特（Chris Marett）参与了本书早期的创作工作，没有梅兰妮·拉索（Melanie Russo）的保驾护航，我不可能完成本书。我还要感谢 John Wiley & Sons 出版公司能发现将常年被低估的小盘股介绍给广大投资者的重要性，并把本书收入此系列丛书中。特别感谢帕梅拉·冯·吉森（Pamela van Giessen）和埃米莉·赫尔曼（Emilie Herman）。

最后，也是最重要的是，我要感谢亲爱的家人。我的父母保罗·克拉玛(Paul Kramer)和玛丽莲·克拉玛(Marilyn Kramer）无条件地支持我，他们总是鼓励我走自己的路，让我勇敢地追求自己的梦想。我非常感激他们，是他们告诉我梦想还是要有的，它真的实现了。他们教会了我每天都抱着一种感恩的态度享受生活。

组约警察局的蒂莫西·科因（Timothy Coyne）少尉，你真是一个各方面都完美的完人。感谢你做我的忠实粉丝和保护者。感谢我的孩子柯林（Cholene）和蒂米（Timmy），你们很棒，你们给我的生活带来了幸福和笑声。你们的爱以及你们在我心中的地位是我永远的鼓励。

"iHappy投资者"
系列图书项目介绍

深圳市中资海派文化传播有限公司

倾力打造《世界经管学术经典文库》正式面市

《世界经管学术经典文库》从"iHappy 投资者"系列图书拉开大幕。

深圳市中资海派文化传播有限公司与约翰·威立国际出版公司（John Wiley & Sons, Inc ）、彭博财经出版社（Bloomberg Press）展开了广泛而深入的合作。约翰·威立国际出版公司不仅是全球历史最悠久、最知名的学术出版商之一，更是世界第一大独立协会出版商和第三大学术期刊出版商。彭博财经出版社立足于全球最大的财经资讯提供商彭博资讯，针对专业投资人士。

第一阶段，中资海派与约翰·威立社旗下的 Little Book 系列进行了独家战略合作，推出了一系列深受读者喜爱的经典作品。作为中资海派"iHappy 投资者"系列的主打书目，"Little Book"财智赢家经典投资系列品牌图书不仅涵盖了"理论结合实践"的投资策略，更结合欧美投资大师的经典投资理论，突出了未来投资趋势等主题。系列书中的每本书都从不同角度解读了投资获利的奥秘，是读者及广大投资者的投资理财的指引明灯。该系列书的作者大都为金融投资界享誉盛名的大师级人物，包括"成长股价值投资之父"菲利普·费雪、"指数基金之父"约翰·博格、"华尔街最知名的股票预测者之一"肯·费雪等。

第二阶段，中资海派与约翰·威立国际出版公司的合作全面升级，以 Wiley Trading 系列和 Wiley FINANCE 系列作为核心产品线。在前一阶段的基础上，本阶段更加注重实战性、专业性。作品包括华尔街最赚钱的自营交易公司 SMB 资本创始人迈克·贝拉菲奥雷（Mike Bellafiore）的《精彩的交易》（*One Good Trade*）；从业长达 36 年的资深交易员大卫·韦斯（David H. Weis）的《即将发生的交易》（*Trades About to Happen*）以及舒尔策资产管理有限公司的创始人乔治·舒尔策的《秃鹫投资》（*The Art of Vulture Investing*）等权威作品。

第三阶段，中资海派将联手约翰·威立国际出版公司和彭博财经出版社协力打造彭博金融系列（Bloomberg Financial Series）。本阶段不仅涵盖艾略特波浪理论、蜡烛图等技术分析与图表解读，更有期权、产权市场等全球前沿的实战权威著作。

中资海派已引进和已出版该系列中的图书有：

先锋集团（Vanguard Group）创始人约翰·博格（John Bogle）的《投资稳赚》（*The Little Book of Common Sense Investing*）；

美国晨星公司的证券研究部主管帕特·多尔西（Pat Dorsey）所著的《寻找投资护城河》（*The Little Book That Builds Wealth*）；

价值投资之父格雷厄姆真传弟子克里斯托弗·布朗（Christopher Browne）所著的《价值投资》（*The Little Book of Value Investing*）；

股神巴菲特的嫡传弟子，自 1980 年以来一直从事金融分析和投资通讯编辑的路易斯·纳维里尔（Louis Navellier）的畅销书《巴菲特的选股真经》（*The Little Book That Makes You Rich*）；

《驾驭股市周期》（*The Little Book of Stock Market Cycles*）的作者，《股票交易者年鉴》主编杰弗里·A. 赫希（JeffreyA. Hirsch）将教你如何利用股市周期赚钱；

《牛眼投资》（*The Little Book of Bull's Eye Investing*）作者，《纽约时报》

畅销书作家约翰·莫尔丁（John Mauldin）教你在动荡的市场中寻找价值，攫取绝对收益和控制风险；

《趋势交易》（*The Little Book of Trading*）作者，交易大师迈克尔·W.卡沃尔（Michael W. Covel）为你揭开藏于幕后的14位顶尖交易员的获利故事；

《巴菲特资产配置法》（*The Little Book that still Saves Your Assets*），摩根士丹利创始人戴维·M.达斯特（David M.Darst）教你资产配置的艺术等。

中资海派已引进和即将出版该系列的图书有：

The Little Book of Stock Market Profits by Mitch Zacks

The Little Book of Big Profits from Small Stocks by Hilary Kramer

The Little Book of Market Myths by Ken Fisher and Lara Hoffmans

Visual Guide to Elliott Wave Trading

Visual Guide to Candlestick Charting

Visual Guide to Chart Patterns

Visual Guide to ETFs

Visual Guide to Municipal Bonds

Equity Market and Portfolio Analysis

Insider Buy Superstocks

另外，“财智赢家”书系还收录了众多长销经典投资著作：

“成长股价值投资之父”肯·费雪（Ken Fisher）的《下一个暴富点》（*Markets Never Forget*）；

大投机家安德烈·科斯托拉尼（Andre Kostolany）的《股市神猎手》（*Kostolanys Wunderland von Geld undBörse. Wissen, was die Börse bewegt*）；

著名投资公司总裁乔治·舒尔策(George Schultze)的《秃鹫投资》(*The Art of Vulture Investing*)；

投资组合创始人李·芒森（Lee Munson）的《打败操盘手》（*Rigged Money*）；

美国投资市场的“亚当·斯密”亚当·史密斯（AdamSmith）所著《金钱游戏》（*The Money Game*）。

除了“财智赢家”外，“iHappy 投资者”还推出以下书系：

Smart 智富

该书系主要收录诸多全球投资新秀的最新投资理念图书，对国内的投资者极具借鉴和指导意义。另外,本书系还将带你漫步金融史和投资史，为你找到隐藏在股市起伏与经济荣衰中的密码。

百万富翁教室

该书系主要为都市白领阶层提供理财书籍，内容简单实用，风格平易近人。如果灵活运用书中的方法并持之以恒，即使你目前收入不高，终有一天也能跻身百万富翁的行列。

凯恩斯口袋

该书系聚焦国内外经济大环境，紧跟政治经济发展趋势，收录各路名家的经典理论和通俗实用的佳作。你不仅可以从这些书中了解整体政治经济环境，更能从中找到投资机会，在享受阅读乐趣的同时轻松赚钱。

以上三大书系已出版和即将出版的图书有：

迈克尔·莫布森（Michael J. Mauboussin）的《反直觉投资》（*More Than You Know*）；

史蒂芬·列维特和史蒂芬·都伯纳 (Steven D. Levittand Stephen J.

Dubner)的《魔鬼经济学》（*Freakonomics*）；

达蒙·维克斯（Damon Vickers）的《不懂美元，还敢谈经济》（*The Day After the Dollar Crashes*）；

乔治·马格努斯（George Magnus）的《谁搅动了世界》（*Uprising*）；

安德鲁·哈勒姆（Andrew Hallam）的《拿工薪，三十几岁你也能赚到600万》（*Millionaire Teacher*）；

韩国理财师高敬镐的《上班赚小钱，四本存折赚大钱》；

戴维·沃尔曼（David Wolman）的《无现金时代的经济学》（*The End of Money*）；

罗伯特·H. 弗兰克（Robert H. Frank）的《达尔文经济学》（*The Darwin Economy*）；

肯尼斯·波斯纳（Kenneth A. Posner）的《围捕黑天鹅》（*Stalking the Black Swan*）；

桑迪·弗兰克斯（Sandy Franks）和萨拉·农纳利（Sara Nannally）的《野蛮人的猎金术》（*Barbarians of Wealth*）；

盖·罗森（Guy Lawson）的《章鱼阴谋》（*Octopus*）；

兰迪·盖奇（Randy Gage）的《白手创业亿万富翁的财商笔记》（*Risky Is the New Safe*）；

克丽丝特尔·佩因（Crystal Paine）的《有钱人穷的时候都在做什么》（*The Money Saving Mom's Budget*）；

世界银行经济学家查尔斯·肯尼(Charles Kenny)的《理性的繁荣》(*The Upside of Down*)；

IMF中国部前主任埃斯瓦尔·S. 普拉萨德(Eswar S. Prasad)的《即将爆发的货币战争》（*The Dollar Trap*）。

为了适应市场发展需求，中资海派成立了“iHappy投资者”系列图书专家委员会，诚邀国内相关领域的权威、专业人士，拨冗推荐该系列图书，并在编辑加工图书的过程中提出宝贵意见。

已经加入“iHappy 投资者”系列图书专家委员会的成员有（排名不分先后）：

英大证券研究所所长　李大霄

深圳市东方港湾投资管理有限责任公司董事长　但斌

《中国证券报》金牛基金周刊副主编　杨光

《黑化》《财富创始记》作者，财经作家　范卫锋

《新金融观察》报副主编、《新领军者》杂志主编　刘宏伟

《第一财经日报》资深编辑　艾经纬

《理财》杂志社社长兼总编　解鹏里

《理财》杂志执行总编　王再峰

“Fortune & You，财富智慧你的魅力与幸福”课程创办者　毛丹平

银河证券首席策略分析师　孙建波

新浪财经博客点击量超 9 亿、首席理财分析师　凯恩斯

和讯网常务副总编辑　王正鹏

价值中国网总裁　林永青

《金融家》杂志总编　徐景权

招商银行国际资产管理投资董事、中国上市公司市值管理研究中心学术顾问　郑磊博士

深圳久久益资产管理有限公司总经理、上海交通大学高级金融学院职业导师　宋三江

中国建设银行深圳分行风险管理经理　罗志芳

新浪博客点击量第一、“2009 年度最受欢迎财经博客百强”得主、著名股票博客博主　徐小明

上海天钧资产管理合伙人　刘乃达

中资海派出品

为精英阅读而努力

投资大师 80 年投资致富的选股方法

费雪的投资智慧让巴菲特
提前至少 10 年成为世界首富

精确选择成长股　持续稳定盈大利

近百年来，《费雪论成长股获利》不仅是众多投资者的圣经，还是斯坦福这样的全球顶尖商学院的投资必修教材。

费雪第一个提出“技术创新是投资者的朋友”，并认为瞄准技术创新前沿，必将发现 IBM、惠普、德州仪器等成长股。

费雪列举了 9 条并购原则，让你彻底看透管理层的资本运作，能让你明白什么样的并购才能使公司成长，更能让投资者获利？他还为投资者提供了一套标准化的行业分析工具，至今还被众多投资者奉为铁律。

尽管有些方法颠覆传统投资思维，但它们依然能帮你更好地投资股市，也能让你找到帮你赚钱的投资顾问。即使在今天，这些方法依然充满生命力，注定会让你叹服。

〔美〕菲利普·A.费雪　著
刘寅龙　译

中资海派出品
定　价：48.00元

在市场红火高涨时，为何积极选股，却还是不赚钱？
在市场低迷时，如何准确选择成长股，并坚定持有？
费雪不仅让你彻底撇弃“人云亦云”的惯性法则，
更教会你做一位始终独立思考的投资者。

“iHappy 书友会”会员申请表

姓　名（以身份证为准）：____________；性　别：____________；

年　龄：____________；职　业：____________；

手机号码：____________；E-mail：____________；

邮寄地址：____________；邮政编码：____________；

微信账号：____________（选填）

请严格按上述格式将相关信息发邮件至中资海派“iHappy 书友会”会员服务部。

邮　箱：zzhpHYFW@126.com

微信联系方式：请扫描二维码或查找 zzhpszpublishing 关注“中资海派图书”

<table>
<tr><td rowspan="9">优惠订购</td><td>订阅人</td><td></td><td>部　门</td><td></td><td>单位名称</td><td colspan="2"></td></tr>
<tr><td>地　址</td><td colspan="6"></td></tr>
<tr><td>电　话</td><td colspan="3"></td><td>传　真</td><td colspan="2"></td></tr>
<tr><td>电子邮箱</td><td colspan="2"></td><td>公司网址</td><td></td><td>邮　编</td><td></td></tr>
<tr><td>订购书目</td><td colspan="6"></td></tr>
<tr><td rowspan="2">付款方式</td><td>邮局汇款</td><td colspan="5">中资海派商务管理（深圳）有限公司
中国深圳银湖路中国脑库 A 栋四楼　　邮编：518029</td></tr>
<tr><td>银行电汇或转账</td><td colspan="5">户　名：中资海派商务管理（深圳）有限公司
开户行：招行深圳科苑支行
账　号：81 5781 4257 1000 1
交通银行卡户名：桂林　　卡　号：622260 1310006 765820</td></tr>
<tr><td>附注</td><td colspan="6">1. 请将订阅单连同汇款单影印件传真或邮寄，以凭办理。
2. 订阅单请用正楷填写清楚，以便以最快方式送达。
3. 咨询热线：0755-25970306 转 158、168　传　真：0755-25970309 转 825
E-mail: szmiss@126.com</td></tr>
</table>

→利用本订购单订购一律享受九折特价优惠。

→团购 30 本以上八五折优惠。